由井常彦回顧録

経営史研究の志とご縁と実践

経営史研究の志とご縁と実践

由井常彦回顧録

序文

本書は、日本における経営史研究を常にリードされてきた由井常彦先生がご自身の研究と関連する諸活動について、さまざまな機会に語ってこられたお話をまとめた聞き取り記録集である。その内容は、ご自身の学生時代の社会科学へのご関心から本格的な経営史研究への展開、それと深く関わる経営史学会、日本経営史研究所および企業史料協議会の発足と活動、さらには関西経済界や中曽根康弘政権における政策決定に経営史的知見を応用して貢献されたことなど、多彩なものとなっている。

由井先生は、東京大学の大学院修士課程を修了後、一九六〇年に博士課程を終えられ、六三年には「中小企業政策の史的研究」で経済学博士の学位を授与された。この論文は翌年に東洋経済新報社より書物として上梓され、その後の中小企業研究の必読文献となった。東大大学院の博士課程在学中の五七年三月に助手として採用されていた明治大学経営学部で六〇年四月専任講師、六三年四月助教授、六八年四月教授（七一年四月大学院経営学研究科教授）に任ぜられ、一九九七年三月に明治大学を退職された後も長らく文京女子大学（二〇〇二年四月文京学院大学へ改称）経営学部・同大学院経営学研究科教授として、学際的・国際的視点を重視した経営史および日本経営史の教育にあたられた。

由井先生の学問の歩みは、戦後日本における経営史学の発展と軌を一にしていると言っても過言ではない。経営史学会が一九六四年六月に創立された数年後の六八年六月には、大学院での指導教授であり、明治大学経営学部にも奉職された土屋《つちや》喬雄《たかお》先生を初代会長として財団法人・日本経営史研究所（二〇一一年四月、一般財団法人に移行）が設立され、一九八一年一一月には、全国唯一のビジネスアーキビストの団体である企業史料協議会が発足した。由井先生は、経営史研究に関わるこれらの団体でも、その設立や運営面における推進役のおひとりとして顕著な功績をあげられた。その活動の範囲や研究の対象と視野は日本にとどまらず海外にも及び、海外の研究者との交流面でも多くの実績を残された。

日本の経営史研究の先駆者のおひとりとしての由井先生のご足跡は、経営史研究に関心をもたれている多くの方々の研究面の一助になると考え、ここに関係各位のご協力をいただいて編集・上梓させていただくこととなった。ご協力をいただいた関係者に、心より御礼を申し上げたい。末筆ながら困難な出版事情のなかで本書の刊行を快諾下さった冨山房インターナショナル社の坂本喜杏社長はじめ、同社の出版・編集のご担当の方々に深甚の謝意を表する次第である。

佐々木聡・阿部武司

経営史研究の志とご縁と実践

由井常彦回顧録　目次

四　中小企業政策史の研究など――123

装幀／滝口裕子

一　経営史学の歩みを聴く

聴き手　島田昌和・松本和明

土屋喬雄先生との出会い

●島田　由井常彦先生のヒアリングを始めさせていただきたいと思います。まず、研究の歩みということで、やはり指導教授であられた土屋喬雄先生からどんなご指導や影響を受けて先生の経営史をつくられたか、そのへんのところからお聞かせいただけますか。

●由井　土屋先生との縁は、私が文二（東京大学教養学部文科二類）に入ってからです。私の頃文二は作家志望が多く、大江健三郎さんもいたし、中学生以来親しい井出孫六君は直木賞を取りました。社会学の富永健一君も、夏目漱石ばっかり読んでいた。あの頃は、ちょっとそういう雰囲気があったんです。法学部はどうも立身出世みたいであまり行きたくない気がするなんて思っており、小林秀雄の弟分の河上徹太郎という高名な評論家に弟子入りをしようと思って頼みに伺ったら、断られ、文学は早々に断念しました。

それで、僕は経済へ移って、それから経済史をやろうと思った。土屋先生はその頃、著名な大家でした。土屋先生は右と左とパージされたことが逆に世間的には評価されたこともあって、土屋先生が東大に戻ってきたと、熱気があるぐらい教室でも人気がありました。それで土屋先生のところに入って、日本経済史の勉強をしようと考えた。その時も僕は何となく、同じ経済史でも経営史的なことをやりたいというような気持ちがあったんです。

ところが入ってみたら、我々の先輩はかなりラディカルなんです。先輩は経済史に限らず、ほかの分野のマルキシズムが非常に盛んで、かなり政治的で、それで労農派・講座派論争がすごく激しくて、みんな労農派か講座派かというふうに議論をされている時でした。

しかも、私が学部に入学した時、助手に安藤良雄ゼミ出身で安良城盛昭《あらきもりあき》という人がいた。安良城さんが助手で一時、土屋先生の代講もしていたんです。そうしたら、安良城さんが書いた「太閤検地の歴史的意義」(『歴史学研究』第一六七号、一九五四年)という論文が当時大ヒットしました。要するに、安良城さんの太閤検地の歴史的意義というのは、江戸時代が純粋封建制だという主張です。その意見はかなり講座派に近かった。だからこそ、明治以降も半封建制だということになる。江戸時代を生産物地代の純粋封建制と言った人はそれまで誰もいなかったので、非常に影響力があって、安良城さんは一躍祭り上げられて、時代の寵児《ちょうじ》みたいでした。土屋先生は、江戸時代を後期封建制と言っていました。でも、土屋先生も若い時は相当にラディカルで、昭和五(一九三〇)年三月号の『中央公論』に掲載された「本庄博士の見解を克服す」という論文がすごく有名だった。これは「京都帝国大学教授の本庄栄治郎という大家が書いている『日本経済史』は、経済に関する歴史的事実を書いているだけで、何が本質かというようなことは論じられていない」と批判したんです。それは先生に問うという論文だったそうですが、それを出版社が、「博士を克服する」と改めたものです。事実、土屋先生はあっという間に若手のホープになった。

土屋先生は、『日本経済史概要』正・続（岩波書店、一九三四年、一九三九年）を書かれたが、ここでは江戸時代は後期封建制であって、純粋というような言葉は使わなかった。むしろ中世までが前期で、江戸時代は後期とされた。安良城さんは、後期ではない、純粋封建制と規定した。つまり、関ヶ原の戦い以前は、一種の農奴制というのか、非常に古い体制で天皇が力を持っていた。安良城さんは僕らに、関ヶ原の戦いはすごく意味がある、関ヶ原の戦いまでの戦いは、敵味方両方が朝廷の方にきちんと通知がしてあった。ところが、関ヶ原は最初から最後までそれが何もなかった。つまり朝廷を無視しての戦闘が起こっている。だから、それから後の大名領国制というのは、要するに、ヨーロッパの純粋封建制に似た、完全封建制だというわけです。

そして、これは講座派に結び付いて、労農派には結び付かない。だから、土屋先生はやっぱり意外と思われた。土屋先生は、途中から「いや、それは分からないよ。もっと研究しなきゃ駄目だよ」とか、「木に竹をついだような見方だ」とおっしゃっていた。

それで僕らが入った時、安良城さんはそんなふうに評価された時代で、東大はじめ大学院生はどちらかというと講座派一色みたいになっていて、講座派でないのは俗物史観みたいに言われた。それで土屋先生は、あまりにも講座派が強くなって不愉快だったでしょう。学会にはあまり行かなくなってしまった。そして当時人気があったもう一つは宇野（弘蔵）理論ですね。理論のほうは宇野理論、歴史は大塚（久雄）先生の大塚史学が人気を呼び、講座派は大塚史学を背景にびしっと決まったような感じでした。僕は宇野先生の『経済原論』上・下巻（岩波書店、一九五〇‐五二年）という本を熱心に読んだものです。こういう風潮のもとで、土屋先生は僕の立場をよく理解されていて、「君は大学院に入ったら、早稲田の小松（芳喬《よしたか》）先生のような先生になりなさい。小松君は非常に優秀な学者で、時流にも潮流にも流されず着実に勉強していて、イギリスにも行ってきた」と言われた。僕は、それでだいぶ励まされて入ったんですが、一九五〇年代には岩波から『日本資本主義講座』1が刊行され、講座派が強くなってしまった。一時、土屋先生はちょっと四面楚歌みたいだった。その後、山口和雄先生が後任として来られて地道な研究に励まされ、だいぶ変わりましたが、定年で東大を退かれた頃の土屋先生は、結局、日本銀行の仕事と渋沢栄一関係の仕事に熱中するようになっていて、渋沢栄一伝記資料の仕事と第一銀行史と日銀の金融史資料と、この三つを主にやっておられた。

商工政策史との関わり

●由井　それで大学院生になって、土屋先生に専門を相談したら、「渋沢栄一伝記資料はもう終わってしまったから、君は商工政策史が始まるから、そっちをやってくれたまえ」と言われた。『商工政策史』は、土屋先生のなかでは「興業意見」から始まるもので、大正期の高橋是清が初代の商工大臣をやった時代を研究する。その後昭和になって吉野信次さんという大物次官だった商工省時代を研究する。それから、もちろん岸信介の統制の時代が続く。要するに、大正から昭和初年には優秀な人材がいっぱいいいた。だから、戦時中は別として、一応、殖産興業を成功させている商工省の歴史をまとめるというわけです。

それ以前に『商工行政史』三巻（商工行政史刊行会、一九五四-五五年）が出たが、内容においては不十分だというわけです。しかし、通産省はあまりやる気がない。だが、土屋先生はすごく熱心にその意義を説かれた。その時の官房調査課長が、有名な『官僚たちの夏』2の主要人物であるフランスに行った両角《もろずみ》（良彦）さん。両角さんが調査課長で、土屋先生は両角さんに本格的に『商工政策史』の刊行が必要だとすごくしつこく言い続けました。結局一年にせいぜい一巻ずつぐらい出して細々やろうということになりました。部屋はないから、廊下のスペースを編集室とし、みんなぼろぼろの机で仕事をすることになりました。黒い袖カバーを支給された。それで、僕と一級下の藤沢清作君（後、新日鐵調査課）とで行って、それで土屋先生と山口先生、四、五人でごそごそ始めたんです。

その時に、冒頭から中小企業と公益企業をやれと言われた。公益企業を先にやれとおっしゃられた。公益（電力・ガス）の方は、僕が戦前で、戦後は松島春海さん（後、埼玉大学）がするようにという話でした。松島君は今病気で休学中だが、電力専門だから彼が戦後を担当し、戦前は君が持ってくれと言われました。そこで僕は、戦前の、前半の方を先に書いて、それを修士論文にして、それから中小企業に取りかかった。中小企業は結構面白いし、資料もあった。この間、土屋先生から指導らしい指導はなかった。経営史をやりたいけれど、こうしたわけで中小企業の政策史研究を主としつつも、同時に経営史の研究にも着手しました。経営史は、会社企業発達史をやろうと思った。大塚先生の名著『株式会社発生史論』（有斐閣、一九三八年）をお手本にした会社史研究が一番オーソドックスだと思った。「わが国会社企業の先駆的諸形態」（明治大学『経営論集』第一〇巻第四号、一九六三年）という論文を書いていたりしていた。

そして、高村（直助）さんが書いた企業勃興期のようなものをまとめたいと思っていた。ところが、中小企業の政策史を早く出さなきゃ困るというような話があって、中小企業の研究に専念し、だいたい書き上げて持っていったら、山口和雄先生がその原稿を見て政策史とは別に、少し短くして戦前については単行本にしなさいと言ってくださった。それで中小企業政策史をドクター論文として提出しました。たしかその時は、僕は三番目でした。大河内暁男君が僕よりちょっと前にイギリス鉄鋼業の研究をまとめて博士論文とし、それから、二期先輩の山下幸夫さん（中央大学）がイギリスの経済思想の研究をまとめて博士論文を出した。

若き日の土屋先生

●由井　土屋先生は、ある意味ではすごく強いタイプの大学者でした。自分の父親は、東大法科の第一期で、すごい秀才だった。幕臣だったから、その後、官庁に行ったら、どこにも入れなくてね（笑）。それで自分が見下したりとか、自分のライバルみたいな人が薩長閥だったりすると、どしどし出世しているんで、すごくしゃくにさわって、弁護士になったけど、酒を飲んでばかりいた。そして、三十いくつかで死んでしまったそうです。それで、土屋先生は子供四人のうちの長男だったから、養子に出された。土屋先生のお父さんの大原さんと親しい人で土屋という弁護士さんが仙台にいて、土屋先生を養子にやったというわけです。

土屋家の養子になって仙台に行ったんだけど、その家もそんなに豊かではなくて、土屋先生はまき割りから風呂たきまでやらされて、なんとしても偉くなりたかった。それで、仙台一中[3]にどうしても入りたいと言ったら、親に学費は出せないと言われた。一番なら学費が免除だったから、それで、うんと勉強して仙台一中を一番で通して、二高[4]も一番を通したということでした。だから、「土屋はガリ勉だ」とか「ガリ勉できちがいだ」と言われたけど、「そうじゃない、学費がなかった」からということでした。

渋沢敬三先生と二高の時に一緒だったけど、渋沢さんは後ろの方にいて、土屋先生は最前列でインクつぼを置いて、先生の前で全部ノートをとっていた。渋沢さんは後ろの方で、にやにや笑っていたそうです。

それで、渋沢先生と土屋先生は、まるで出が違うけれども親しくなった。土屋先生も渋沢さんをすごく尊敬しておられた。僕も一時勘違いしたけど、土屋先生が渋沢家から学費をもらったということはない。土屋先生はもっと潔癖で、そういうふうに授業料免除で通された。

ともかく一九一八（大正七）年に東大に入った。そして、御茶ノ水から降りて東大に向かって行くと、昌平黌（昌平坂学問所）があった。昌平黌は、新井白石はじめ、みんなここで勉強した。土屋先生はそのことをよく知っていて、「昌平黌の前に来たら身が引き締まった」と言われた。また当時、大学令というのが出て、それを見たら、「大学とは学問の蘊奥《うんのう》を極める」と書いてあった。それまでに塚原卜伝とか岩見重太郎の講談を読んでいると、武芸は蘊奥を極めるというものがある。ああそうか、大学も同じように学問の蘊奥を極めるところだと、土屋先生はすごく奮い立ったんだそうです。やはり俺は学問以外ない、立身出世もしたいけれど、学問の蘊奥を極めねばならないと思ったそうです。

そして、明治大学が近くにあるわけで、昌平黌の前にある明治大学はやはり素晴らしい。その時は今と違って、御茶ノ水の周りは屋敷町だったわけです。その中に明治法律学校[5]が移って明治大学となった。だから、土屋先生にとっては早稲田、慶應はあまり目に入らなかったわけです。

このように土屋先生は、すごく貧乏で、弟の学費の面倒までみた。だから、まるでお金がなかったと言っていた。明治大学の教授も戦前には兼務し、「教授事件」のような東大の中のごたごたの時にはどちらにもつかず、ただ黙っていたそうです。自分も放り出されると食っていけないというか、本当に危機感があった。

土屋先生の学問

●由井　その代わり、万年助教授で教授にはしてもらえなかった。ところで一九三一、三二（昭和六、七）年になると、本庄博士を克服した土屋先生が、今度は服部之總《しそう》はじめ講座派と論争し始め、またジャーナリズムの関心を集めることになりました。

土屋先生自身が書いたものに、ゾンバルト（Werner Sombart）的なもの、セリグマン（Edwin Robert Anderson Seligman）的なもの、マックス・ヴェーバー（Max Weber）、そして発展段階論を学んだのがありました。土屋先生はその前に二年間ドイツに行って来たから、いくつかの経済史のアプローチを研究したというわけです。それで自分はマルクスを使いながら、マルクスを下地にしながらも、少しセリグマンを加味したというような感じでした。

それで、土屋先生は先輩の経済史の大家にその手法を質問し、「私（土屋）から見ると、どれにも属していないようだが、それではいったい科学性というものはどうなるのですか」という質問だった。科学的とは言えないのではないかというふうに読めると、質問した。それが「克服する」になってしまった。それからしばらくして大論争が起こって、日本の近代史の理解をめぐって講座派と労農派が対立した。海の向こうのソ連のほうは、コミンテルン三二（一九三二年）テーゼで講座派が正しいと言ったものだから、経済史家はじめ近代史の研究者は、それもあって、なだれ落ちるように講座派になってしまった。

それが戦後しかも一九六〇年代になって、エイドースという学者がソ連に出て来て、日本の資本主義について講座派は必ずしも正しいとは言えないのではないか、三二テーゼは正しいとは言えないのではないかという議論を出した。明治日本はむしろ政府と一体になった近代化というように、ちょっとサン・シモン（Claude-Henri de Saint-Simon）的なことを言ったわけです。どちらかというと労農派的なことを言った。土屋先生は、それをものすごく喜んで、「どうですか、ソ連も変わったじゃないか。僕は三十年間近くも批判されていたけれど、エイドースは僕の立場じゃないか」と言っていた。

だけど、そういうことがあって戦後の昭和三〇年代、四〇年代は世間的あるいは経済界ですごく人気があった。大先生で、新しい見方にも通じている、それも講座派とは違って、一言で言えばそんなに過激ではない。講座派になると、すぐ革命をしなければみたいになるけど、革命的ではない。だから、当時の（講座派的な共産党とは違った）社会党が乗りやすかった。

土屋先生と経営史

●由井　東大を退いて明治大学に移籍した時、明大側は特に佐々木先生[6]が土屋先生を引っ張った。新しくできた経営学部の方に来てもらいたい。経営学は経済学と同様に理論と歴史と政策と三つから構成される。政策は経営学では管理論にあたる。理論と歴史と管理論が中核だから歴史はすごく重要で、「ぜひ土屋先生、開拓的にやってくれ」とのことでした。だから、土屋先生はとても喜ばれ、経営史家になった。一方で講座派からずいぶんやられてきたからです（笑）。それもあって、社経史（社会経済史）や土地制度史などの学会に出なくなっていた。

だから、そのへんで経済史の勉強は終わりにして、渋沢栄一の伝記資料、ついで五代友厚《ごだいともあつ》の伝記資料に取り組み、それからちょうど『稿本三井家史料』が出たので、土屋先生は真っ先に研究して、江戸時代の三井高利《たかとし》と明治期の渋沢栄一を中心とした『日本資本主義の経営史的研究』（みすず書房、一九五四年）という本を出した。その本は明治大学の講義のテキストになった。

これが体系的には最初のテキストでした。脇村（義太郎）先生の経営史という授業は面白かったが、体系はなかった。毎年かなり内容が違っているんです。ある時はイギリスを中心にやってみたり、ある時は日本を取り上げたりしました。脇村先生の経営発達史は、むしろ紡績業の話とか海運業の話とか、経営史的というよりも産業史だった。人物産業史みたいだった。

土屋先生はそうではなくて、明治大学でやる時、日本経営史は自分が最初だと思う、と言ってらした。それで、講義の内容は、江戸時代については三井を取り上げて、三井越後屋は世界的に見ても素晴らしい経営であることを明らかにした。三井越後屋の経営とその発展が最初の部分です。次が渋沢栄一と日本の資本主義の発展のような、渋沢栄一と日本の近代化の解説だった。

それから、面白いことに三番目のテーマがあった。三番目は経営史には中小企業の経営史も必要と言われた。江戸時代は三井が中心で、だいたい商業流通を論じられ、それから、明治以降は渋沢さんを中心にいろんな銀行、近代産業をテーマとする。だけども、それだと中小企業が抜けてしまう。中小企業と簿記会計も抜けてしまうと言って、簿記会計は自分の専門ではないから、三菱石油にいた西川孝治郎さんを招いてインフォーマルに二回やらせていた。

中小企業も要るというわけですが、土屋先生が考えているような中小企業の経営史のいい本はない。そうしたら、山崎豊子の『暖簾』7という本を持ってきて、それを中心にやられた。大まじめでした。

土屋先生と社史

●島田　土屋先生も結構、社史を手掛けられているんですか。

●由井　一番有名なのは、日清紡（日清紡績株式会社）です。『日清紡績六十年史』（日清紡績、一九六七年）は土屋先生監修です。それから、三つ四つある。日本皮革という皮革業で日本最初からのリーダー会社でも、土屋先生監修で、僕と宇野（脩平）さんという人で書いた。もちろんレベルの高い『第一銀行史』上・下巻（第一銀行八十年史編纂室編、第一銀行、一九五七年）を編集された。ほかにも土屋先生は適宜いろんな人に勧めたりもしていた。

それから、大きい会社では浅野セメント。浅野セメントは、たしか二巻本で本編と序編、厚い本だった。それは土屋先生がうんと詳しくしなさいと指導され、浅野セメントの会社の人たちが書いた。立派な本です8。

それから、大きなプロジェクトに日本通運があった。日本通運は本格的に、通運史、流通史も含めて本当に大きなプロジェクトだった。安藤先生が土屋先生に代わって監修者になった。相談に来ていた中で、僕らが一番面白いなと思ったのは日通でした。予算も多額が計上され、輸送交通の歴史も全部分かる相当な大きな本だった9。

●島田　そうすると、会社史と経営者伝と資料ですよね、日銀にしろ何にしろ。そういう三つのジャンルというのは、それぞれ全部手掛けたのは土屋先生が最初でしょうか。

●由井　土屋先生が最初だと思います。だから土屋先生は、その点ではとても忙しかった。いろんな人が来て、相談に来いと言われると土屋先生はみんな会っている。渋沢栄一のようです。中小企業の方にも会った。だから、私の家も『與志本五十年のあゆみ』[10]を刊行していますが、土屋先生が私の父たちに、ぜひとも木材史をまとめなさいと言われたからです。

それで、僕が原稿を何とか書き上げて先生のところに行くと、「こんなちっぽけじゃ駄目」と批判されました。「林業なんていうのは、もっと、少なくとも三百ページぐらいのどっしりしたものを書くべきです」なんて言われたことがありますが、それぐらいレベルの高いものを勧めていた。

「産業人は成功するのにすごく苦労するんだ。その苦労を書きなさい」が口癖でした。労働者ばかりではなくて「経営者はもっと苦労するものだよ」と言われ、堤康次郎を評価していた。それで、土屋先生は私どもより数年年上の堤清二さんをかわいがっていた。堤清二さんも土屋先生を尊敬していて、時々顔を出していた。土屋先生はそういうこともあって、また講座派から財界寄りと批判される理由にもなった。財界人ばかりもてはやして労働者のことをあまり書かないとか、そんなことを言われたけれど、土屋先生は『日本経営理念史』（日本経済新聞社、一九六四年）で強調している信念みたいなものがあった。

そういう点では、土屋先生はマルキストではなかった。土屋先生はきっと、内心ではセリグマン、プラス、マルクスというものが基礎だったのではないかな。セリグマンというのが主体にも見えた[11]。ただ、先生は、ヴェーバーはあまり深く読まなかった。だから、大塚先生たちとしてはそこを強く指摘された感じがある。

●島田　でも先生、『日本経営理念史』は、ヴェーバー的な感じがするのですが。

●由井　そうですね。だが、あれはヴェーバーを使いながら、大塚先生を批判しているのです。丁寧に読めば分かる。大塚先生が正しくないということを言うために、土屋先生はヴェーバーを持ち出したというところがあります。大塚先生は常利欲がない人間はいない、ヴェーバーは理念・精神と営利主義を対立させていない、と言っておられた。

初期の経営史学会

●島田　経営史学会ができる時に、やはり中川（敬一郎）先生が留学から帰ってこられてというので、アメリカの影響が、もう一つの源流であるようですがいかがでしょうか。

●由井　もちろんそうですね。

●松本　それでも土屋先生が築かれてきたものというのは相当大きいわけですね。

●由井　ええ、それは大きいです。膨大な実証主義研究の成果を築かれましたからね。それから、中間的に山口和雄先生が、すぐに経営史がすごく必要だと言った。それから大阪の宮本（又次）

先生が、まったく経営史が必要と言った。この二人が経営史学会の発展に大いに寄与された。二人とも、要するに人間の主体性は大事だ。ビジネスの主体の経営者についてもっと研究すべきだと主張されたのは、土屋先生がおっしゃる、苦労を書くということと通じていた。

●島田　土屋先生の経営史学会へのコミットはいかがでしたか。

●由井　第一回だけ出席された。東大でやった時に最前列におられた。

●島田　土屋先生が出られなくなった理由は何ですか。

●由井　一つは忙しかった。仕事の方は日銀や通産省などで十分できたしね。それに先生は学会嫌いにすでになっちゃっていた。ある事件があった。東大の経営史学会の第一回とほぼ同じ時に社経史があって、土屋先生がその社経史の方で、渋沢さんの話ではないと思うけれども、『日本経営理念史』に書いてあるような話をされたんです。

そうしたら、某先生が立って、「ビジネスマンを、理念をもった良いビジネスマンと営利主義の悪いビジネスマンに分けるような類型は単純すぎませんか」というような質問をした。土屋先生の説によると、善玉と悪玉みたいになりはしませんか、というようなことを質問した。そうしたら土屋先生は「それは共産党の人ならそう言います」と答えたんです。これにはその質問者も怒って「共産党もへったくれもない。純粋に学問的な立場で申し上げているんです」と言ったそうです。土屋先生は黙ってしまった。僕はその場にいなかったんですが、一騒ぎがありましたよ。それで、土屋先生はすっかり学会嫌いになったのではないか。

土屋先生の心には、学会はみんな講座派的で、自分たちを俗人みたいに考えているんだなという意識が根強くあったのではないか。

●島田　少し話が転じてしまいますが、経営史学会の初期は、まだまだメンバーの中でも講座派的な考え方の発言は多々あったものなんですか。

●由井　講座派的な人はやっぱり少なかった。むしろ労農派的な人のほうが多かった。講座派の人もいたことはいた。大塚先生も第一回は出られました。大塚先生は、経営史学会というのはゾンバルト復活だと言われた。それはある意味では当たっていたと思います。アメリカの経営史学会のほうも、やはりゾンバルト的だと受け取られたそうです。私自身もヴェーバーはもちろん素晴らしいが、ゾンバルトというのも優れている。たしかにゾンバルトは面白いですね。私もゾンバルトだと言われたことがある。ゾンバルトをずいぶん一生懸命に読んだことがあります。今になってみると、業績は示唆するところが大きく、ナンセンスどころじゃない、大学者です。世界と歴史のいろんなことをよく知っている。

趨勢から言えば、中川先生が来て言い出したのがきっかけで、論争よりも実証を尊ぶ人々に経営史学が広がった感じでした。山口（和雄）先生関係の人は結構多かった。その人たちは社経史だったけど、それが全部、経営史学会のメンバーになって、よく発表された。それから、宮本（又次）先生の関係があって、大阪の研究者はみんな経営史学会に入った。だから、最初は大阪の方の人数がすごく多かった。大阪はほとんどの人が経営史的研究者だと言って経営史学会に入ってきた。貨幣史以外はほとんど来ていた。

●島田　やはりそれは商家研究とか、そちらの研究をやっている人が多いので、その人たちにとっては経営史は親しみが持てたということですね。

●由井　そうです、とても入りやすい。それまで大阪の方はてんでんばらばらで、何か経営史の名前で商業史だけやっている人が多かった。あるいは江戸時代だけとか、そういう人が結構多くて、それなりの特徴があった。経営史学会のスタートはその点は恵まれているのではないか。案外、リベラルみたいな雰囲気になって、何でも話せる場となった。

●島田　発足の時には、先生は明治大学の助手ですか。

●由井　はい、助手です。一番初めの会からいたのは僕だけになってしまった。経営史学会の準備会というのがあって、それが一年か二年あった。その時は脇村先生と中川先生が中心で、それから早稲田の鳥羽（欽一郎）先生がとても熱心だった。それから、お亡くなりになった三島（康雄）先生がいつも来ていました。関西から井上忠勝先生がよくみえられました。もちろん中川先生の縁で土屋守章君や大東英祐さんたちもみえられるようになり、山下（幸夫）先生も来ていたし、大河内（暁男）君はしばらく外国にいたけど、途中からやっぱり入りました。だから、結構にぎやかでした。

●島田　先生は、最初の時の運営では最若手ということですか。

●由井　最若手というか、まあ若い方でした。それから米川（伸一）さんもすぐ出てきた。米川さんは非常に一生懸命に勉強しておられ、鳥羽、米川のお二人はよく議論していた。

鳥羽さんもすごく熱心でした。韓国に行ったり、マレーシアに行ったり、アメリカにも行って、海外にコネがあった。だから非常に積極的だった。したがって、川辺（信雄）さんなど鳥羽先生のグループも結構多かった。

●島田　先生は経営史学会の中で、わりとこういう部分をよく担ったとか、そういうのはいかがでしたか。

●由井　僕はもっぱら人集めと金集めだった。人集めは、ちょうど五代友厚の伝記資料の関係で、大阪にも時々行っていたから、大阪の宮本先生たちのグループと接触を持ちました。もちろん学会設立に大賛成でした。それから僕は、やはり学際性が重要と考えて社会学はどうしてもいると思って、それで間《はざま》（宏）先生を引っ張ったりした。間先生以外に三、四人いました。間先生は非常に熱心でした。「いい学会ができましたね」とのことで、非常にうれしいみたいなことを言ってらした記憶がある。

●島田　要は、学会員の勧誘ということなんですね。

●由井　そうそう。間先生はいい本を書いていましてね。だから、僕より三つぐらい年上だったけど、間先生のお宅に行ってお誘いしたことを覚えている。あの人はとても人柄が善かった。だから、人集めはそういうふうに社会学のほうの人を引っ張ってきた。それからもちろん経営学の人も引っ張ってきたけど、こちらはあまり成功しなかったような気がします。それから金集めみたいなことです。もちろん脇村先生とご一緒だった。
●島田　運営の基本的なお金ということですか。
●由井　運営のためのお金です。だって、最初は百人ぐらいしか会員がいないので、雑誌を出すと大赤字でしょう。賞金のための資金も必要だった。それで会社に協力してもらった。最初は二十社ぐらい集めた。それは脇村先生が引っ張ってきた会社と、私と（日本）経営史研究所の、その二つが中心だったと思いますよ。
●松本　賛助会員としてお願いしたわけですね。
●由井　賛助会員は、私どもと脇村先生のとしばしば重なっていましたが、一生懸命でした。それがその後もずっと続いた。イヤーブック（*Japanese Yearbook on Business History*）を出す時も協力してもらった。外部に依存することにあまり抵抗がなかった。多少のトラブルもあったけれど、しかし、これはしなければと思った。土屋先生も渋沢栄一伝記資料の時に、結構資金集めや販売にもつとめていましたよ。本当に偉いと思った。
●島田　ご自身で渋沢系企業に行って、お金を出してもらうということですか。
●由井　うん、いつもちらしを持っていて、「これは、ちょっと額が大きいんですが大事業で世界的に役に立つ」と。史料の収集と復刻は土屋先生が大いに努力し、成果が上がっていたから、僕は土屋先生の影響を多大に受けました。五代友厚、そして中上川《なかみがわ》彦次郎の伝記資料の編纂などです。

薫陶を受けた先生方

●島田　先生が土屋先生以外に、この人の影響を受けたという方はありますか。

●由井　東大で、土屋先生の後任の山口和雄先生にはとてもお世話になりました。

その当時にすごく影響を受けたのは、インターディシプリナリー（interdisciplinary）と国際性でしょう。それには、僕はヒルシュマイヤー（Johannes Hirschmeier）さんと知り合って助かった。あの方はドイツ人で、ドイツ生まれで、神父さんなのにハーバード大学を出て、アメリカで博士号を取っていたから、ヨーロッパは詳しいし、アメリカの歴史や学問も知っていた。だから、国際的なことが勉強できたのはヒルシュマイヤーさんのおかげです。僕は人に恵まれたと思います。

それから、エズラ・ヴォーゲル（Ezra Feivel Vogel）さんです。エズラ・ヴォーゲルさんは、ちょうど私が助教授の頃に、平河町の経営史研究所に来られて、毎土曜日に二時間ずつ勉強してお昼をご一緒した。エズラ・ヴォーゲルさんは社会学で、富永（健一）君が紹介してきて、富永君と一緒に、日本の中産階級という研究をしていた。そして、立川市の市民のアンケート調査を基礎にして、日本の中産階級はしっかりしていると結論づけた。アメリカには日本の中産階級はあまり成長していないのではないかという通説的な見方があったが、それに対してヴォーゲルさんは、日本は中産階級が非常に発達していて、しかも女性の地位もそれほど低くなく、教養も高くて、日本の中産階級は十分な基盤を持っている、先進国と変わりないという論文を書き、Ph.D.[12]

を取られた。

　彼はミドルクラスの研究を終えて、財界を書きたいと言って来られて、財界を全然知らないから、経営史研究所へ来て財界関係の本を読みたいと言われた。それで、半年か一年ぐらいお付き合いをしました。

　そして、財界の本をたくさん渡したんだけど、結局、途中から、やはり自分は日本語をあきらめたと言ってきた。読むのは駄目だから、インタビュー中心にしたいと言われ、インタビュー用の本を持ってインタビューをしていました。そのことでヴォーゲルさんと非常に親しくなって、アメリカのビジネスを知るうえではとても良かったと思います。ヴォーゲルさんはそれをやったけど、結局、日本の財界の本は書けなくて、その中身を*Japan as Number One*に変えたんです。より社会学にしたんです。要するに、財界はとても複雑でよく分からない。それよりも、日本の社会は、中産階級の研究の延長でやってみると、日本人の特徴がとても分かる。ヴォーゲルさんが一番言ったのは、日本にはスラムがないということです。外国の下層社会がない。それを中心に論点を拡大し、研究がまとまった。私の方もヴォーゲルさんは役に立った。

　それから、僕はドーア（Ronald Philip Dore）先生に付こうと思ったんだが、ドーアさんは行ったり来たりしていて、なかなか会えなかった。しかし、ドーアさんは後になって度々お会いでき、英文をいつも直してもらったりしました。だからそういう点で、社会学系では間先生、ヴォーゲルさん、ドーアさんと、ヒルシュマイヤーさん、我々の仲間以外ではこういう人たちとお付き合いできた。

●島田　ヒルシュマイヤー先生は、当時から社会学を積極的に取り入れている方だったわけですね。

●由井　取り入れる方だった。ハーバードにいる時に、中川先生と一緒ではないですけど、違ったクラスであったようですが、やはり中川先生が知り合いになったランデス（David S. Landes）とか、そういう人たちとみんな知り合いでした。そういう点では、ヒルシュマイヤーさんとは話しやすかった。ヒルシュマイヤーさんは偉いと思った。本当に人間が優れていた。

ドーア先生もいい人でした。ヴォーゲル、ドーアの両先生方と僕は縁があり、たまたま先年の明治大学の百年の時に、私は斎藤正直学長に呼ばれて、ドーア先生とヴォーゲル先生に名誉博士を出すことになりました。学長も「とてもいいではないですか」と言われ、すぐに手紙を出しました。二人とも大喜びでした。ドーア先生は博士号を持っていなくて、特に喜ばれた。ドーアさんはうれしくて、その晩プリンスホテルで羽目を外されたようです。ホテルで変な外人がいる、ものすごく酔っ払って誰彼無しに握手している。僕がプリンスホテルに行ったらホテルの人がそう言っていて、それはドーアさんだろうと思って行ったら、やはりドーア先生でした。

チャンドラーとフルイン

●島田　先生とチャンドラー（Alfred DuPont Chandler, Jr.）先生は、どういう関係ですか。

●由井　僕はチャンドラー先生とはあまり縁がなくて、むしろ縁は浅い方です。大企業のストラテジーとかストラクチャーは、そんなに興味はなかった。比較的薄い方でした。

それで最初の富士コンファレンスの第一回の時にチャンドラーさんを呼ぶことになって、チャンドラーさんが来られた。第一回を帝人の富士研修センターでやって、その時にこちらが十人ぐらい論文を書いた。その時、僕も発表するように言われて、「食品における戦略」という発表をした。ストラテジーとストラクチャーとか言って、日本の中心的な食品は、砂糖でも製粉でも中間財しかやらないということを論じました。お菓子は逆に、森永も明治もどこも垂直統合している。全体的には、食品は三つぐらいに分けられるという話を英語で話した。

その後、マーク・フルイン（William Mark Fruin）さんが慶應の速水（融）先生の紹介で来られた。速水先生は、その時、彼はソーシャル・モビリティという、テーマ、福井県における社会移動の研究をやったとのことでしたが、本人はもう経済史はやめたいと言っている。そして、ビジネス・ヒストリーに移りたいと言ってきたとのことでした。聞いたら、フルインさんは三つぐらいの会社を選んで、経営者の研究をやりたいとのことでした。それで一緒に検討し、キッコーマンがいいのではないかということになった。キッコーマンはアメリカに投資していたから、アメリカ人も醤油はよく知っているというわけです。中川先生もとてもいいと言って、中川先生と私が勧めて、キッコーマンの茂木さんにも紹介した。すると茂木さんも、それはとてもいいと言って、茂木さんの会社の中の守衛さんの部屋か何かを空けて、そこで寝泊まりしていいということになり、彼は半年ぐらいキッコーマンの住み込みみたいにしてやっていた。そこへ入り込んで、古文書を読んだ。資料は持ち出せない。それで半年以上行っていた。

速水先生のところで、ある程度古文書を読んでいたので下地があったから、読めますと言って、*Kikkoman*[13]という本を書いて、アメリカへ行ってチャンドラーさんに会ったわけです。そうしたら、*Strategy and Structure*[14]の手法で日本のことをやったらどうかと、チャンドラー先生に勧められたんです。チャンドラー先生から、自分は去年、日本に行ってみたら、プロフェッサー由井というのがいて、それがStrategy and Structure を食品についてやっていたと言われた。

チャンドラー先生が、その時質問されたのをよく覚えている。「ペリシャブル（perishable）とアンペリシャブル（unperishable）の区別は重要だけど、どうか」と聞かれた。僕はその時ペリシャブルとアンペリシャブルのことがよく分からなかった。そうしたら、ヒルシュマイヤーさんが隣にいて、「いや、それは腐るものと腐らないものだから」と教えてくれた。生鮮のものとそれ以外は戦略が違うから、そちらから研究することはできないかと尋ねられた。前に記したように Strategy and Structure を食品で考えると、そういうふうに三つぐらいに分けられるなと思った。それを話したら、チャンドラー先生はちょっと面白いと思ったらしく、その次の年にハーバード大学に呼ばれて行って、日本でも、フルインさんと一緒に最大二百社の表を作ってくれないかと言われ、厚いインダストリアル・クラシフィケーション（産業分類）[15]の本を渡された。それで、時間をかけて取り掛かったところ、フルインさんが急いでいて、僕はもう少し細かくやらないとそこまでできないというのを、途中で不十分な段階で発表してしまったんです。

●島田　チャンドラーさんとしては、先生を通じて、もっと日本のことを取り組みたいというか、手を伸ばしたいという感じがあったわけなんですね。

●由井　それはあった。日本のことは僕にやらせようとしたんだと思います。だから、それは私がやりますと言って二年ぐらいいてやれば、それも一つの可能性だったかもしれない。ただ、僕はこちらで書きかけの社史も抱えているし、とても二年も東京を空けられない事情があった。

チャンドラー先生は経営学で言えても、それは経済学的に立証できるかどうかということになると、組織の内部経済はウィリアムソン（Oliver Williamson）教授に認めてもらう必要があり、二〇〇九年にノーベル賞を取っている人だから、チャンドラー先生は経済学的にも挑戦したかったわけですね。それでご自分の、*Scale and Scope* の前の本の *The Visible Hand* をウィリアムソン教授のところへ送った。そうしたら、同教授がコメントしてきた。それに対して、またチャンドラー先生が対象を四カ国に拡大した。ウィリアムソン教授からは何遍も学問上のことで手紙のやりとりがあって、それをタイプで打ったものが綴ってあってきちんと赤い線が入っている。そのコピーを私によこしたことがありました。

したがって、チャンドラー先生からは、こういうようなコメントがあるけれども、日本でやる場合に、どういうふうに考えるかということが聞きたかったみたいですね。その時に「日本はグループ・キャピタリズムと言っていいですか」とか、いろいろなことを聞かれた。つまり、日本はアメリカとはちょっと違ったモデルになる。それは結構だと言われたけれど、僕としては踏み込むのはそれが限度で、アトランタのアメリカ経営史学会で報告・発表したのが限度で、それ以上先はちょっとできない感じでした。

チャンドラー先生が受賞されたピュリッツァー賞というのは、ノーベル賞に匹敵する賞だったけれど、チャンドラー先生は不満を言っていた。ノーベル賞がビジネス関係に出さないのは良くないと言われた。チャンドラー先生は、やはりチャンドラー・モデルをウィリアムソン教授には認めてもらいたかったんでしょう。

それでもう一つは自分の理論はどこまで合うか日本みたいに拡大した場合どうかという、その二つについて、ウィリアムソン教授の意見を聞きたいということでした。それに、僕はよく答えられなかった。僕はアトランタで報告した論文が精いっぱいで、当時内部組織の経済学を消化できなかった。結局、*Scale and Scope*[16]には日本が入らなかった。

日本の経営発展の特長

●由井　なお、『日本の経営発展』[17]の本も、僕は英文版の第二版の方に一九八〇年代のことを書いて、日本の経営の最大の問題は、人件費が固定費になっていて、このまま進めると固定費がもっと増えてしまい、要するに、労働分配率がもっと増えてしまって、そのために行き詰まってしまうであろうと主張した。その時の対策は論じられていないというのをきちんと書いた。

英文版の二版の方は、初版と違っていわゆる「日本的経営」に対して批判的に書いたんだけれど、どなたも読んでない。それは僕も良くない。あれは、やはり日本版も書くべきでした。今までの研究生活のうちで最大の失敗は、『日本の経営発展』の改訂版を公刊しなかったことだと思います。英文にはなっているんだから、それを日本語に直すのにそんな苦労はなかった。一年あれば改訂版を出せたんだけど、出さなかったというのは私の怠慢でした。

●島田　先生は会社史もされますし、人物史というか経営者伝も何冊も書かれていますが、組織というのと経営者の個人というのとそれぞれやっていらっしゃって、全体像について、何か少しイメージとか持っていらっしゃるところがあったら教えていただけますか。

●由井　それは、もちろん私の研究の一番重要なポイントなんですが、やはり僕はビジネスとビジネスリーダーについて、東洋と西洋は違うところを共通に認める。会社や経営の外側はすごく似ているけど、中身はまったく違う。それは皆さんがやるべきだと思います。

今この時点でも、だいたい外国人に会うと、日本の経営について外国人はまったく間違ったイメージを持っている。日本の組織図を見せると、ああ、わが国と同じでどこへ行っても同じだと思っている。日本の会社に「おたくはディビジョナル・ストラクチャー（divisional structure：事業部制組織）ですか」と言うと、どの会社もディビジョナル・ストラクチャーと必ず答えるね。それから、「あなたのところは多角化戦略を採用していますか」と聞くと、どの会社もダイバーシフィケーション（diversification）していると言う。だけど、実態は全然違う。

僕はそこを経営史の研究として、もっと明らかにしたいと思っている。それは今後まだ当分議論になると思うから、とてもいいテーマです。要するに、組織というものについての外国人の考え方と日本の考え方が、まるで違うということですね。また、日本は事業部といっても、売り買いなんかできる事業部はありませんでしたが、向こうは本当に売り買いしていました。

事業部の現在の価値は、決算書に載せてある、その値段で売り買い。そうでないと、株主総会を通らないと思うね。ところが、日本はごく簡単で、例えば、日立が電子部分を日立電子として独立できますなんて株主総会で誰も議論なんかしない。

アメリカだったら、そんなの通るわけがないと言うことが、まだ分からない。それから、向こうの経営者もまだ分からない。相当な人でも、日本の企業の本質的なことが分からない。僕はしょっちゅう書いていると思いますが、やはり日本はインフォーマルというか、コミュニケーションがよい社会だからですね。インフォメーションについてはアメリカの方がインフォーマルかもしれないけど、コミュニケーションという点では日本の方がまとまっている。リーダーシップもそうです。僕はずいぶん言っているつもりだけど、リーダーシップ論も外国人には全然理解されない。一番いいリーダーシップというのは、日本ではちょっと老子的です。つまり、部課長クラスが「あれは、俺がやった」というのが一番いいリーダーシップです。トップリーダーの名前は知っているけれども「実は俺がやったんですよ」とみんなが言っている状態が、一番いいリーダーシップなわけです。東洋というのは日本でもそういうところが多分にある。そう、みんながいうことを知っている。

「自分が 自分が」と言わない。僕なんか、それをずいぶん言ってきたつもりだけど、まだ一般的にはあまり知られていない。だいたい、まだ外国人は外国人の頭で来ている。

『日本の経営発展』を書いたようなやり方で、ずっときたけど、それこそ経営史はリベラルで、ほかにもテーマは幾つもあると思います。最近の僕などは流通中心ですが、日本はお得意さまがあって、それに供給する流通業者がいて、それから生産みたいな面があって、真ん中もあって、そんなに生産中心ではないような気がします。日本はクライアントファーストなところがある。

いずれにしても、そういう国際比較は、まだ十分余地があるのではないですか。そんなに外国は日本を理解しているわけではない。それから、日本の国内で経営学者がそんなに経営史を理解しているわけではない。ある程度、上の人はみんな知っているけれども、一般にはそれほどではないし。だから、そういう面ではいっぱいあるし、もちろん思想なんかはなおさらそうです。

私は「昭和の財界人」という本を、まだ書きたいんです。私自身は最後の仕事として「昭和の財界人」というのを書いて、団琢磨と中島久万吉と宮島清次郎と石川一郎と石坂泰三の五人をやってみたい。

島田 本当に戦前と戦後をつないだ人たちです。

由井 そうですね。この人たちが日本の産業の魂を持っている。そんな言い方はしませんけどね。極端に言うと、そういうものではないだろうか。ヒルシュマイヤーさんもそんなことを言った。理念みたいなのがあって経済が発展する、ヴェーバーもそうかもしれない。それが発達すると、また物質主義が強くなってしまうものだというようなことを言っていました。最初のところは、みんな理念だと強く言うんだけど、ところがその教えの影響を受ける方は、どんどん物質主義的、さらには享楽主義になっていってしまう。

だから、財界人は大事ですね。やはり財界人のポストは、日本は外国よりもっと重要だと思う。具体的な例として経団連（経済団体連合会）の会長のポストがあるんですから、一般の経営者はそうした人々を見習うわけです。

僕なんか、そういうふうなところがよく分かる。みんな若い時は左翼だったんでしょう。右寄りって言えば社会党系だったという程度です。学生時代にはそんなところで右は社会党で、真ん中が共産党で、ラディカルなのはノンポリの左翼で、この三つだみたいなことを考えていた。けれど、あとになるとそうでないなと思うようになった。やはりその点で僕は石川さんや石坂さん、芦原義重さんを尊敬した。石川一郎という人は本当に私心がなかった。

あの頃僕はまだ三十歳代だったから、石川さんは僕なんかにお説教的だった。だが、信念が強く、私心がない、こういう人が正しいと思った。つまり、こういう人が真ん中にいるのならば、やはり日本の財界は信頼できるし、間違ってはいないなと思いました。物事を見ているというのはやはり、そういう芯があったからで、話していてもすぐ分かる。渋沢栄一もそうだったでしょうけれど、話している時に、すでに何か感じるものがあって、それから信念みたいなことを口で言わなくてもそれで落ち着いている。相当な状態にあっても動揺しない。

（二〇一三年一月収録）

1　全十巻および別巻、岩波書店、一九五三-五五年。
2　一九七五年に新潮社から刊行された城山三郎の小説。
3　旧制宮城県立第一中学校（現・県立仙台第一高等学校）の略称。
4　旧制第二高等学校（戦後、東北大学に統合）の略称。
5　一八八一年、現在の数寄屋橋交差点近くに開校。五年後に現在地に移転。
6　佐々木吉郎経営学部長。後の総長。
7　一九五七年に創元社から刊行された小説。
8　序論・本論の全二巻から成る日本セメント株式会社社史編纂委員会編『七十年史』日本セメント、一九五五年。浅野セメントは一九四七年に日本セメントと改称。
9　日本通運株式会社編『社史』日本通運、一九六二年。
10　由井常彦編、与志本林業株式会社・与志本合資会社、一九六一年。
11　セリグマン（一八六一-一九三九）はアメリカの経済学者・財政学者でコロンビア大学教授。経済史を、英雄的個人の事績としてではなく社会階層に着目して論じるべきだとしてマルクスの業績を高く評価した *The Economic Interpretation of History* を一九〇二年に著しており、それを河上肇が翻訳し、セーリグマン『新史観――歴史之経済的説明』昌平堂川岡書店、一九〇五年、として上梓していた。

12 Doctor of Philosophy の略号で、欧米の博士号。

13 W. Mark Fruin, *Kikkoman: Company, clan, and community*, Cambridge, Mass.: Harvard University Press, 1983.

14 Alfred D. Chandler, Jr., *Strategy and Structure: Chapters in the history of the American industrial enterprise*, Cambridge, Mass.: MIT Press, 1969. 邦訳：アルフレッド・D・チャンドラー Jr. 著、三菱経済研究所訳『経営戦略と組織―米国企業の事業部制成立史』実業之日本社、一九六七年、同著、有賀裕子訳『組織は戦略に従う』ダイヤモンド社、二〇〇四年。

15 二一六ページを参照。

16 Alfred D.Chandler, Jr., *Scale and Scope: The dynamics of industrial capitalism*, Cambridge, Mass.: Harvard University Press, Belknap Press, 1990. 邦訳：アルフレッド・D・チャンドラー Jr. 著、安部悦生ほか訳『スケールアンドスコープ―経営力発展の国際比較』有斐閣、一九九三年。

17 日本語版は、J・ヒルシュマイヤー、由井常彦『日本の経営発展―近代化と企業経営』東洋経済新報社、一九七七年。英語版は、Johannes Hirschmeier and Tsunehiko Yui, *The Development of Japanese Business 1600-1973*, London: Allen & Unwin, 1975. その第二版は一九八一年にロンドンの Routledge 社より刊行。

二　企業家研究と伝記執筆

聴き手　宮本又郎・橘川武郎

経済史・経営史研究のきっかけ

●宮本　由井先生は、経営史学あるいは経済史学の第一人者として大変活躍してこられました。今日は、まず由井先生のご研究の始まりに遡ってお話を伺いたいと思います。先生は一九五五（昭和三〇）年に東京大学経済学部をご卒業されました。一九五五年というと、まさしく高度成長の始まりの年にあたります。最初は土屋喬雄先生の門下で経済史的な研究をお始めになり、その後、経営史、さらに企業者史といいますか、経営者の伝記に関わるようなご研究に進まれたわけでございますけれども、そのあたりの、大学をご卒業された頃のご研究のお話からまずお伺いできますでしょうか。

●由井　経済史、経営史の研究に進んだ背景は、私の父親（由井七郎右衛門）がやはりビジネスマンだったからでしょうか。父は渋沢栄一を大変尊敬していました。私の長野の自宅の床の間には、渋沢栄一さんに書いていただいた大きな書が下がっていました。

父親は渋沢さんと直接の面識はなかったようです。父親は木材と炭の商売をしていました。長野の炭を、東京の卸商に卸していたのですが、そのうちの一軒が生島さんという王子にあった大きな炭問屋さんで、私の父親の大得意でした。長野県の木材と炭を運んで、炭を生島商店に入れていたんですね。それで生島さんは渋沢栄一家に炭を入れていた関係から、渋沢さんにぜひとも揮毫してくれと頼んで書をいただいたようです。昭和の初めの頃で、渋沢さんが八十七歳の時です。当時は田舎の実業家は皆、渋沢さんを尊敬して、渋沢さんに一度会えれば嬉しいみたいな人が多かったですからね。うちのおやじもすごく渋沢さんを尊敬していたのでしょうね。

そんなこともあって、私は東大の大学院で土屋喬雄ゼミに入った時、やはり渋沢栄一伝記資料の仕事をやりたいと思ったんですよ。

土屋先生は私がゼミに入った時、最初のゼミナールの日に青淵文庫の建物、これは今度重要文化財に指定された建物ですが、そこでコンパをやりました。学生はあまりご馳走を食べてない時代でしたが、土屋先生がゼミの全員十六人にお寿司を取ってくれました。立派な建物で、桜が咲いていていて天国みたいな感じでした。土屋先生は、ここで渋沢栄一伝記資料のお仕事をされていたので、私も伝記資料の仕事をできると思っていました。

●橘川　今の飛鳥山公園にある渋沢史料館に近接している建物ですね。

●由井　そうです飛鳥山です。東大から当時は電車で行きましたけどね。桜が散ってる庭園もきれいでしたね。そんなことで私は渋沢栄一伝記資料の編集に参加し、渋沢栄一の研究ができると思ったんです。そうしたら土屋先生は、最初から、「いや、渋沢栄一伝記資料の仕事はもう峠を過ぎていて、だいたい主な仕事はもう終わっている」と言われました。そして、「今度始まった商工政策史という仕事があって、政策史をやろうと思っているから、むしろ君はそちらの仕事をやるべきじゃないか」とおっしゃられました。

私はそれまで政策史の研究は念頭になかったので、大変意外な気がしたのですが、土屋先生にそう言われたら商工政策史というのもいい仕事だと思って勉強を始めました。その頃は現在の通産省の建物がまだなくて、特許庁の建物に商工政策史編纂室がありました。特許庁の建物の廊下の隅にあったんですよ。廊下に机を五つほど並べましてね、土屋先生が一番奥にいて、それから編纂室の人たちが四人ぐらいかな。ともかく廊下の奥にあって、そこで、お昼になるとみんなピンポンやってるんですよ。そんな状態でね。渋沢史料館と天地の差がありましてね（笑）。渋沢栄一研究なら、桜も咲く立派な庭つきの文庫、清水建設が渋沢さんのために作って寄贈した晩香盧《ばんこうろ》の隣の建物ですね、そんな素晴らしい環境で勉強できるのに、商工政策史の仕事はつらいなと思いましたけど（笑）。でも、そのあと四、五年間、通産省で商工政策史の仕事に従事したことは、後で私の研究に大変役立ちました。

商工政策史の編纂と中小企業研究

●橘川　商工政策史のお仕事について、中小企業研究（通商産業省編『商工政策史　一二巻　中小企業』商工政策史刊行会、一九六三年）にしても、電力・ガスの研究（通商産業省編『商工政策史電気・ガス事業』二四巻、商工政策史刊行会、一九七九年）にしても、今から見て大変新しい視点を持っていると思います。当時の中小企業研究では二重構造的な議論がだんだん強くなっていたと思いますが、その中で由井先生は、中小企業の持っている合理性というか、強さみたいなものを強調されています。また、電力・ガスの巻で、由井先生が書かれた部分は後の松永安左エ門の考え方に通じるようなところがあり、経営史研究につながる萌芽がすでに出ているような気がします。それはどうしてなのでしょうか。

由井　それは過褒《かほう》ですけれどもね。最初の執筆プランで、私は電力の巻とそれから中小企業の巻の両方を分担することになって、大企業分野と中小企業分野の両方の研究をする機会を得たことは幸運だったと思います。

中小企業についてはやはり家業を見て育った経験からくるものかもしれません。私の父親の会社は長野県では比較的大きな木材と炭の会社で、私の叔父が長野県の薪炭同業組合の会長をやっていました[1]。大日向村[2]というそうとう山奥の村に本家がありました。そこでは、明治時代末からすでに同業組合を作っていて、炭の品質を俵ごとに色分けして「上等」、「中等」、「下等」に区分することを始めていました。それから私の父親をはじめ、兄弟たち（定右衛門、七郎右衛門、真年の三兄弟）はそれこそ今で言う企業家精神が旺盛でしてね、大変な努力をして、私の父親など長野県の佐久から東京まで自転車で商売に出かけたそうです。

宮本　自転車ですか。

●由井　当時は、まだ自転車で峠を越えて関東に出た方が早かったんですね。佐久側から十石峠までのぼって、百三十メートルある十石峠をすーっと自転車で降りていくんです。

●橘川　これは帰りが大変そうですね。

●由井　帰りは自転車をかついで帰るんですよ。でも、東京へ行く時は下り一本ですから極めて快調ですね。夜に出て、それで群馬県側に降りると夜が明けてくるのだそうですよ、神流川にそった鬼石という町のそばです。そこに知っているお百姓家があって、必ず、鶏の卵を買って食べて元気をつける。それから自転車を盗まれるといけないから足に縛り付けて、二、三時間ぐーっと寝て、それから東京に行ったそうです。そんなことをやりながら、炭と木材の商売をやって成功しました。同業組合については、父親たち兄弟のビジネスとの関わりで、最初から私の頭にある程度のイメージがありました。うちの父親、兄弟たちは企業家精神にあふれていたけれど、同時に、ビジネスの一方で組合のような組織を作らないと、過当競争になったり、いんちきが起こったり、さまざまなゴタゴタがでてきて困るということです。

私の父親（七郎右衛門）は次男でしてね。いわば常務取締役で、私の叔父に当る長男の由井定右衛門が代表取締役社長、三男の真年を支配人として、兄弟で事業をやっていました[3]。長男の由井定右衛門は同業組合[4]を組織して、事業にはかなり成功しました。私の父親も大変に企業家精神に富んでいて、一九一六、一七（大正五、六）年には丸の内に進出して、本社を置きました。本社はやはり東京に置いた方がよいということになったのです。そのあと私の父親は、丸の内三丁目の三菱二十一号館、ちょうど渋沢さんの事務所と隣合わせに事務所を構えました。同業者の中では、東京にも進出して成功したほうでしょうね。

そういった現実のビジネスとか、企業家活動といった背景が、私の周辺には多少ともありました。ですから最初からビジネスの研究をしたいと、基本的に思っていました。それから、中小企業というテーマも、研究に値するもので、途中から、これはやはり自分が研究するべきものと思いました。それから政策史も重要であると考えるようになりました。私が後になって経営史の研究に戻った頃になって、私は最初の五年間、いやそれ以上になりますが、通産省で政策史の勉強をやったことは非常に良かったと思うようになりました。政策とはどういうふうにして作られるかという過程も分かるし、要綱の作成から国会の審議というのはどういうものかとか、役所と業界はどういうふうに関係し、案を練って、法案を作っていくか、そういうことも分かりました。

私はまず先に、大学院で政策史、特に中小企業政策のことを勉強したのですが、当時、最初のうちはよそ道に行ってしまったような気がしました。でもずっと後になると、やはり企業経営の歴史を勉強するうえで、一言で言えば「政府とビジネス」ですね、この関係は大事なことだから、勉強していて良かったと思いました。

商工政策史研究と政策立案

●由井　それから、商工政策史で電力業について研究したことが、後に実際の政策作りの役に立ったことがあります。それで、中曽根内閣になった時に、関西空港を民営でという話になりました。最初に関西空港の建設があって、その後、専売公社、電電公社、国鉄という順番でしたから、一番最初の関西空港を民営でやらないといけないと思っていました。私は、生意気だけど、「法案の原案は私がある程度作れます」と言って、私と関西電力の調査担当の方と二人で、政策要綱というものを作りました。電力は多少広域的で共通点があり、電力政策を勉強していた私は多少自信があったのです。

一番のポイントは、配当制限でした。役所は何らかの配当制限を付けないと会社を認めないというのです。私は、配当制限はまずいと言って、制限を付けないことで決まりました。ところが最後の土壇場になって、やはり配当制限を持ち出して「一割以上配当してはいけない」という案が出てきました。

一割以上配当をしてはいけないというのは戦争中の統制と同じことです。それから、関西空港で配当制限を付けると、この後民営化されるであろう専売公社、電電公社、国鉄の場合も配当制限が付けられて、民活の意味がなくなってしまいます。配当制限で一割までなんて見ただけで株の魅力はなくなり、経営を制約することになると言いました。中曽根総理は閣議決定を延期して、この点を改めさせました。配当制限のような戦時統制で自分の木材業、材木屋はつぶれたんだと言って直させたと聞いています（笑）。

私は、役所がどうしても配当制限が必要だというのに対して、それなら「フェア・アンド・リーズナブル」という、アメリカの独占禁止法にある「公正にして妥当」という内容にしたらとずいぶん議論しました。いずれにしても産業政策史は大変勉強になりました。

橘川　由井先生は、『中小企業政策の史的研究』（東洋経済新報社、一九六四年）を出されているわけですけど、その前年の六三（昭和三八）年に博士号を取られました。当時としては大変早い学位の取得ですね。先生はまだ三十歳代ですね。

由井　そうですね。商工政策史で勉強してきた中小企業政策の研究をまとめなくてはいけないということで、中小企業政策史で博士号を取らせていただきました。

経営史講座の変遷

宮本　由井先生は、一九六〇（昭和三五）年に明治大学の講師に就かれました。ここでは最初から、経営史という講義を持たれたのですか。

由井　最初から経営史です。土屋喬雄先生がその時、主任の先生でした。土屋先生はご承知の通り、東大の時に西洋経済史と日本経済史を分け、さらに、現代経済史を分けました。経済史というのは一本の講義ではできないという説でした。だから最初の二、三年は私が経営史を担当し、土屋先生は日本経営史の担当で、しばらくやっていたと思います。

その後で、山口和雄先生が来られて日本経営史の講義をしましたから、私は経営史という講義のために、国際比較のような勉強をしました。その時は、経済史の本を読んで、それから経営史の本を読まなければと、大塚久雄先生の『株式会社発生史論』を読み、それから大塚先生はゾンバルトが大事だと言っていましたから、ゾンバルトの『近代資本主義』[5]を勉強しました。

●橘川　当時は、経営史という科目を置く大学はあまり多くなかったと思いますが。

●由井　そうです。土屋先生が、経営史の講義は東大が最初だと言ったことを覚えています。でも脇村義太郎先生が経営発達史という名称だったかと思いますが、似た名称で講義をしたことがあるので、土屋先生の日本経営史が日本で初めてかどうかは分かりません。すこし前に脇村義太郎先生が商業史を始めたのですが、その後、商業史をやめました。脇村先生は商業史はやめたけども、ご自分が定年近くなった時に経営発達史に直したと記憶しています。

●宮本　当時、経営史を担当される時、経済史とは差別化しなければいけなかったと思いますが、どういう点で差別化されたのですか。

●由井　それは比較的はっきりしていました。土屋先生は、経済史と経営史は密接、不可分に結び付いているけれども、経営史は人物中心であると考えていました。私の記憶に間違いなければ、土屋先生は、人物とか人間とか経営者とか、そういう人間的なことを扱うのが経営史であるとされていました。

それから、土屋先生は「会社の研究はやはり経営史だ」と言っておられました。会社の研究は経営者の研究だ。それから財閥研究も経営史の研究。それから会計、簿記会計の歴史もある。それはっきりそう言いましてね、私も、ああそうだなと思ったことを覚えています。土屋先生は案外、ご自分が現実と一致するかどうか気にする方でしてね。ですから『日本資本主義の経営史的研究』という本をすぐ書いて、それをテキストにしました。

それから簿記会計については、土屋先生は専門家ではないので、その当時、三菱石油の重役をしていた西川孝治郎先生をお呼びしました。西川先生は、日本で初めてシャンド（A. Shand）の研究をされ、土屋先生の弟子のようになりましてね。西川先生が三、四回、簿記会計の歴史の講義をされました。その後、西川先生は、この時の講義の内容を、簿記会計に関するシャンド以降の流れと銀行簿記精法の流れ、つまり国立銀行以来の銀行簿記の歴史、それから商法講習所や商法会議所系統の簿記会計の歴史という二つの流れについてまとめて本[6]にされました。

土屋先生は、ご自分が考えた経営史というものに即して講義をなさっていました。わたしも、なるほど経営史の講義というものは、そういうものかなと思っていました。経営史の学会はまだできていませんし、経営史の方法論の議論も、あまりない時代でした。

宮本　経営史学会ができたのは、ちょうど東京オリンピックが開催された一九六四（昭和三九）年ですね。

由井　そうです。ですから土屋先生の講義はそれより前の時期の話です。土屋先生の『日本資本主義の経営史的研究』は、『稿本三井家史料』が世に出た時でしたから、まずこの資料にもとづいて、江戸時代は三井高利をはじめとした三井家について書き、明治時代は渋沢栄一をはじめとする人物について書いておられます。後半の人物史については、あとで『日本経営理念史』にまとめられました。土屋先生はやはり人物、経営者など、人間的なことを扱うのが経営史の領域であると考えておられました。それから財閥史も経営史の領域であると言われました。

戦前の財閥史研究に関していえば、三井もまったく資料を公開しませんでした。あの頃、三井文庫に勤めてる人は、自分で書いた論文を外部に発表してはいけないということになっていました。だから土屋先生も三井のことを書けなかったのです。それで土屋先生は友人であった三井高維さんに『新稿両替年代記』（岩波書店、一九三三年）をまとめてもらいました。『稿本三井家史料』が世に出た時に、まず第一号を土屋先生が東大の図書館に入れ、それで三井について書いたのです。

土屋先生は、財閥は経済史であるよりも、経営者がテーマであると言っていました。だから今後、経営史の研究は盛んになるだろうし、日本に大いに役に立つのではないかとおっしゃっていました。私も、商工政策史の時期は数年間、経営史研究を離れていましたが、関心はずっと持っており、経済史よりも経営史の研究をしたいと思っていました。

高度経済成長の時代

●由井　それからもう一つ、まさに時代の背景がありました。これは、私にとって大変大きなことだったんですよ。私どもが大学院にいた頃、もちろんマルクス経済学が全盛でしたし、ソ連と中国の対立などがあって、理論闘争が盛んな時でした。宇野弘蔵先生の本が話題になりました。

マルクス経済学のいろんな論争がありましたが、いずれにしても宇野理論を取ろうと、取るまいと、やはり資本主義衰亡論の傾向がありました。

一九五七、五八（昭和三二、三三）年頃、ちょうど私が大学院の博士課程に在学していた頃、親戚が富士製鐵広畑に勤めていました。当時から始めたストリップミルという圧延設備は、「すごいもので、自分が大学で勉強したような世界と全然違う、ストリップミルのような革新的な設備ができれば、経済学や産業の考え方も変わってしまう」と言いました。その人は私の家へ来て、「君、経済史をやっているなら、現場を見なきゃ」と言いました。要するに「産業界の変化を知っておく必要があるだろう」ということです。

その二年ぐらい後だったと思いますが、土屋先生がトヨタに行きたいとおっしゃいましてね。土屋先生と私ども数人で、トヨタと倉敷紡績の愛知県下の工場を見学に行きました。トヨタは元町工場7だったと思います。

●橘川　乗用車の量産体制ですね。

●由井　けっこう画期的な印象を受けました。元町工場が動き出して、まだカンバン方式はあまりやっていなかった。でも、非常に活気があふれていて「良い品、良い工夫」というスローガンがあちこちに書いてあり、とっても活気がありました。クラウンだったでしょうか。工場は非常にきれいで、とても印象的でした。倉敷紡績の方は、必ずしも大原総一郎さんが自慢したほどの近代工場とは思いませんでしたね。

●宮本　一般的にはその当時、倉敷紡績は、トヨタよりも上の会社と見られていたのではありませんか。

●由井　当時、倉敷紡績は立派な会社です。福祉施設など、立派にできていました。これは素晴らしい施設だって、土屋先生はすっかり感心していました。

ところで、私は、従来の経済史ではこういう変化をつかめないという思いが強くなりました。それから、昭和三〇年代のイノベーションがまさに進行し始めたのを現場で見ると、大学で勉強したこととの違いを感じて、経営史に引き寄せられました。

経営学の影響

●宮本　経営学の影響はもちろんありましたでしょうね。

●由井　東京では、慶應義塾大学の野口祐先生をはじめ、三人くらいのリーダーがいまして、我々若手を教育していました。半分しごいてやろうとね。経営学者のお仕事として印象に残ったのは、すでに昭和初年に出版されていた中西寅雄先生の『経営経済学』（現代経済学全集 第二四巻、日本評論社、一九三一年）がよかったですね。非常に明解な内容で、要するに資本家に主体性はないという議論です。資本家は日常生活に追い回されて、あくせく働いているだけであって、そこで貫徹している法則を認識できない。逆に法則の奴隷になっている、要するに経営的主体性がないという議論です。

経営学の分野は、そういった中西先生的な考え方があり、それから宇野弘蔵先生周辺では、宇野先生の考え方をどのように経営学に持ち込むかというような議論がありました。もう一つの経営学の流れは、藻利《もうり》重隆先生がありましたが、私はあまり藻利先生からは影響受けませんでした。当時、オーソドックスな経営学は我々にとってあまり刺激的ではなかったように感じました。

●宮本　アメリカ流のORとか生産性運動とかはもう少し後の時期ですか。

●由井　学界に影響があったのは、もう少し後の坂本藤良さんたちの頃でしょう。これは財界、生産性運動と結び付いた経営学で、当時学界の主流ではありませんでした。主流は、むしろドイツ流の経営経済学と、それとマルクス系の経営学でした。ずっと後になってもドイツ経営学は、企業とは何かだけで何十ページも書いてあってね（笑）。

●宮本　先生が初めて、経営史の論文をお書きになったのはいつ頃でしょうか。

●由井　最初は「経営経済史の体系に関する一考察」（明治大学経営学研究所『経営論集』第八集、一九五七年）という論文です。レッフェルホルツ（Josef Loeffelholz）が書いたドイツ語の論文があったので、それを私は経営経済史と思って、一生懸命読んで、勉強しました。でもそれは、まったく経営経済学における経営経済史でした。

●宮本　一九五八（昭和三三）年に「H・M・ラーソン『経営史の意義およびその発展』」（『経営論集』第一一集、一九五八年）という論文を書かれていますね。

●由井　アメリカとドイツを勉強しなくてはと思っていました。土屋先生も「アメリカとドイツで経営史が盛んだそうだけども、君、調べてきたまえ」と言われました。書いたところ、土屋先生がみんな書き直してね。ずいぶん叱られました。文章も書き方があるんだって。

でも、経営史の基礎は、本来的にはゾンバルト、そしてヴェーバーじゃないかと思いました。大塚久雄先生の授業に出ていると、大塚先生が講義されている内容は経営史であり、そして、ゾンバルトには経営史的な発想があり、主体的な考え方を持ち込んでいます。ユダヤ人のビジネス、華僑のビジネスなどについて、ゾンバルトは鋭いことをずいぶん言っています。私はやはりゾンバルトやヴェーバーの流れが本来的な経営史につながると思っていました。

それから二十年くらいたって、アメリカに行った時、チャンドラー先生が「あなたは何で経営史の勉強を始めましたか」と言うので、私は「それよりも、チャンドラー先生、あなたは何に刺激を受けて経営史研究を始めましたか」と聞いたところ、「それはヴェーバーだよ」と言いましたから、やはり同じ認識でしたね。私は、皆同じだなと思いました。

それから中川敬一郎先生がアメリカから帰ってきた時、「アメリカではゾンバルトはとても盛んですよ」ということを聞き、「ああ、やっぱりそうだな」と思いました。ヴェーバーやゾンバルトが本来的に経営史になるのであって、アメリカでも変わりはないということです。

味の素の会社史執筆

●由井　商工政策史の仕事がまあ一応目途がつき、明治大学の講師になった年に、日本製粉の社史を手伝ってくれという話が安藤良雄先生からありました。今度は本格的に七十年史を書くからということで、私と三和良一先生で『日本製粉株式会社七十年史』（日本製粉社史委員会編、日本製粉、一九六八年）を執筆しました。それはとても印象的でしたね。前から会社史をきちんとやらなければいけないと感じていましたから、ここで会社史をきちんと研究しようと考えました。

日本製粉が終わったあと、一九六八年に日本経営史研究所8ができ、味の素の社史（味の素株式会社社史編集室編『味の素株式会社 社史1』味の素、日本経営史研究所制作、一九七一年）を執筆することになりました。私としては、それぞれタイプの違う食品会社を二つ研究できたことは有意義でした。製粉は製糖などに近い産業で、味の素は化学に近い産業ですから。私は鈴木三郎助さんのところに日参して、本当にたくさんのお話しを聞き、鈴木三郎助伝を書きたいと一時期思ったことがあったのです。

●宮本　三代目鈴木三郎助さんですか。

●由井　そうです。三代目さんには本当にかわいがられました。味の素の社史が終わったら、鈴木三郎助さんが「社史を読んだけど、自分にはもっとしゃべりたいことがある」言われました。それで私は、鈴木三郎助さんのお宅に半年ぐらい通いました。毎月一回、葉山に行った時の聞き書きは、ずっと後になって『葉山好日』（鈴木三郎助著、日本経営史研究所制作、一九七四年）という回顧談になりました。随筆集のような本で、それにかなり私の聞き書きが入っています。この時、三代目鈴木三郎助さん、それから二代目鈴木三郎助さんら、鈴木家の企業者活動に接することができました。まさに企業家そのものですね。新しい技術を採用し、新しい市場を開拓して、味の素という今までなかった市場を創出し、技術が進歩すると値段も安くなって全国で使われる、それからヨーロッパや東南アジアに輸出されていく。企業者活動とはこういうものだと今まで考えていたことが、鈴木家の人たちによって目の前に現れてくるような感じがしました。本当に、鈴木三郎助伝を書きたいと思いました。

●橘川　二代目の鈴木三郎助がマーケッターの役割で、忠治さんが技術者という理解は正しいのでしょうか。

●由井　正しいと思いますよ。兄弟で商売やって成功した人が各地にありますね。ヨーロッパでも何とかブラザーズ商会がたくさんあります。鈴木家では、兄の二代目三郎助さんは人情家で、商売の勘やセンスが良かったのですね。弟さんの忠治さんは若い時には身体が弱くて、肝油ばかり食べていたそうです。横浜商業学校へいったのですが、忠治さんは学問が好きで、池田菊苗博士のような東大の先生をはじめ、化学、食品の先生方を訪ねて技術を教わり、指導してもらった。忠治さんは先生方に技術のことを教わった恩返しをしようと、自分のところで若い学者を育てることにしました。赤堀四郎先生[9]がそうです。赤堀四郎先生は大変鈴木家にお世話になったと、会社に来られた時、「社長、本当に味の素のおかげです」といわれ、深々とおじぎしていました。そういう話を聞いて、これこそ日本産業史における経営史的側面だと思いました。

それから自分自身の父親と、鈴木家は大変似ているところがありました。三代目の鈴木三郎助さんが、もう八十歳のおじいさんでしたが、「あんたに見せますよ」と言って、金銭出入帳を持ってきました。三代目さんの父親は、金銭出入帳を持ってこさせ、毎日の出入りを全部書き込めと言ったそうです。その金銭出入帳の「入」という字は大きく書いてあり、「出」という字は小さく書いてありました。三代目鈴木三郎助さんは、そういう金銭出入帳を二十歳代から付けるようになり、ビジネスが面白くなったと言っていました。

実は、私の父親も同じでした。私が東京の高等学校に入ったら、「授業料を送るけども、金銭出入帳を書け」と送ってきました。私はでたらめを書きましたけれどね。本当に私の父と似ているんです。金銭出入帳は、信州に帰る時に持っていきましたが、でも出るほうを大きく書くわけですよ（笑）。

私の父親と三代目鈴木三郎助さんは、それぞれ一八八七、九〇（明治二〇、二三）年生れで、年もほとんど同じだったのですよ。私の父親は亡くなっていたので、まるで父親と会った気がしました。だから私はビジネスマンと商人は違うといっても、実は似たものがあるなと思いました。

会社史執筆の視点

●宮本　一九六〇年代ぐらいから、学者、経営史家が社史を書き出したと思います。その頃の一般的な社史と比べて、先生が執筆に当って意識されたこと、または経営史的な社史にしようといったお考えはあったのでしょうか。

●由井　一つは、企業者活動および革新という点を考えました。企業者活動と革新はとても役に立つ考え方です。これらを念頭において、どういうタイプの企業者活動なのか、どのようなイノベーションなのか、それがどの程度ベーシックなのかを考えながら執筆しました。企業者活動とイノベーションは非常に有益なコンセプトで、社史も人物もずいぶん生き生きしてきます。

さらに、人間の形成という点です。企業者活動を担う人間が、どういうシチュエーションで企業者的になったか、そういう企業家的人格の形成の問題があります。若い時の人格ができる過程のことを、formative influence という。これはヒルシュマイヤーさんに教わりました。つまり人間の精神の基礎価値がどのようにできるかということです。

もう一つは、我々の頃から実証という言葉の中に、計量的という意味合いが徐々に出てきました。ビジネスは数量で測れる面があるのだから、スポーツだってスコアがあるのだから、スコアをはっきりと出さなければ、「非常に成功した」とか「うまくいった」とか言えません。営業報告書を分析したりして、企業の記録をしっかり載せる必要があります。これまで社史ではあまりデータを使いませんでしたが、私は企業の業績はきちんと載せ、それから資金調達のデータも使うようにしました。

●宮本　社史を依頼するクライアントと摩擦みたいなものはありましたか。

●由井　最初はありましたよ。ありましたけれど、我々の世代には、ある程度数字を出さなければいけないという共感みたいなのがありました。例を挙げれば、三和良一先生たちが執筆した三菱重工の社史です[10]。

●橘川　営業報告書を、経済史家、経営史家が扱い出したのは一九六〇年代以降でしょうか。

●由井　我々より前の時代では、伝記では土屋先生の渋沢栄一研究、それから社史では、服部之總の花王石鹸[11]がありました。服部之總の花王社史はとても良い本で、数字も入っていますが、資金調達はそれほど綿密ではないですね。

●宮本　その頃まで社史は、会社の宣伝物という考え方が大きかったのでしょうね。

●由井　それは、昭和の終わりまで大きかったですね。橘川先生が三井不動産の社史[12]を書いた頃までは、まだそういう雰囲気がありました。

『五代友厚伝記資料』と日本経営史研究所

●由井　伝記については、経営史的な伝記の執筆が始まったのは、土屋先生、服部先生、それから宮本先生のお父様である宮本又次先生が伝記に力を入れられてからだと思います。土屋先生は東大を定年後、明治大学に十年間おられました。その終わりの頃に、たまたま大阪の大企業家であった五代友厚のお孫さんが資料を持っていることが分かり、五代友厚の伝記資料をぜひまとめたいと言われました。最初は十巻くらいになると言ってましたが、最終的には『五代友厚伝記資料』全四巻（日本経営史研究所編、東洋経済新報社、一九七一～七四年）をまとめて刊行しました。

五代友厚に関する本はたくさんありましたが、学問的な研究は十分ではありませんでしたから、資料集の出版を企画したのです。膨大な資料があるので、まずその整理と調査をやることになりました。これは、宮本又次先生、それと谷口豊三郎さんと、それから芦原義重さんの三人に、菅《かん》野《の》和太郎さんを含めた四人の力が大きかった。四人とも五代友厚を勉強すべきではないかとおっしゃいました。これは、日本経営史研究所の最初の仕事だったし、内容的に今読んでも良い本ですね。

編集に携わった新谷九郎さんは、土屋先生のアカデミックな弟子ではありませんが、自由な感じでの弟子でしたね。新谷さんは学校の先生ではなく、九州大学を出た非常な勉強家で、伝記編纂作業で勉強されましたね。新谷さんと林玲子さんのお父さんが、古文書をやりたいといって加わりました。だからメンバーが良かったのですよ。

五代友厚の伝記資料の次に、土屋先生が三井の中上川彦次郎と三菱の荘田平五郎の二人の伝記資料をやろうと言われました。中上川さんの方は、三井銀行の小山（五郎）さんをはじめ、中上川さんのお孫さんなどのご助力があって、すんなりまとまりました。しかし、荘田さんの件は本当に苦労しました。三菱で岩崎彌太郎伝の編纂をなさっていた方に、脇村先生からお願いしたりしたのですが、実現しませんでした。荘田平五郎の詳しい伝記はないから、今でも残念に思いますね。

●橘川　経営史学会、または日本経営史研究所から働きかけたのですか。

●由井　日本経営史研究所として働きかけました。

●橘川　そういう役割が日本経営史研究所にあったわけですね。

●由井　そうそう、もう大きくありました。その流れの一番最後が、森川英正先生が編集した『牧田環伝記資料』（森川英正編著、日本経営史研究所、一九八二年）です。

●橘川　日本経営史研究所の創立事情についてもお話しいただけますか。

●由井　日本経営史研究所を設立した時、土屋先生は、具体的には中上川彦次郎、荘田平五郎、そして伊藤忠兵衛の三人の伝記資料をやりたいと言われました。二代伊藤忠兵衛ですね。そうすると近江商人の経過が分かるからと。

●宮本　土屋先生は、最初、日本経営史研究所の役割は経営者の伝記編纂の方にあると考えておられたのですか。

●由井　経営者の伝記は非常に大きな意味があると言っていました。伝記資料と土屋先生の言う経営理念史、そして社史という順番だったと思います。土屋先生は、第一に、伝記執筆というよりも、資料をまとめて後世に残し、研究に役立てる伝記資料の編纂を重視しておられました。そして第二に、経営理念史という独自の発想がありました。日本独自の経営理念を明らかにし、その成果を経済界にも提供しようという考えだったのですが、これは財界にはあまり受け入れられませんでした。なお、経営理念史の流れとして、日本経営史研究所の仕事ではありませんでしたが、『金原明善資料』上・下巻（金原治山治水財団編、上尾喬雄監修、一九六八年）などの編纂に土屋先生は関わっておられました。そして、第三に、社史の編纂があり、その後、日本経営史研究所の中心的な事業になっていきました。

●宮本 日本経営史研究所を設立した時は、外国にモデルはあったのですか。

●由井 それはありませんでした。土屋先生の独創ですよ。だから、経団連や財界の方々などに声をかけたのですが、最初から思うようにはいかなかったですね。ともかく、スタート時の日本経営史研究所にとって、五代友厚伝記資料は大きな柱でした。資料が豊富で、私も見に行きましたが、相当な量でしたしね。これだけの資料があれば相当な本ができるという感じでした。

ヒルシュマイヤーさんとの出会い

●宮本 ヒルシュマイヤーさん[13]との出会いは、先生に大きな影響を与えたと思いますが。

●由井 ヒルシュマイヤーさんとの出会いは、私が大学院生の時でした。ハーバード大学の学生だったヒルシュマイヤーさんが土屋先生を訪ねて来ました。「今、私は企業家精神の研究をして本を書いています」と言って、明治大学などいろいろな所で深く勉強していました。それで米国に帰って博士論文を出しました。何年かたって、南山大学の助教授になってもどってきたのです。アメリカではガーシェンクロン（Alexander Gerschenkron）などに教わって、ガーシェンクロンはとても重要だと言っていました。それからシュンペーター（Joseph Alois Schumpeter）の本を真っ赤になるほど線を引いて勉強したと言っていました。

ヒルシュマイヤーさんは、また南山大学に来て一生懸命勉強していたのですが、大学の役職について、忙しくて経営史の勉強ができないと言っていました。では一緒にやりましょうと言って、勉強しているうちに、『日本の経営発展』[14]のアイディアが出たのです。ヒルシュマイヤーさんと出会ったことは、私にとって、ヨーロッパの知識を得るうえで非常に勉強になりました。彼はカトリックの神父になるためにはいろいろな勉強をしなければならないから、多方面に豊富な知識を持っていましたね。

●宮本　ヒルシュマイヤーさんの『日本における企業者精神の生成』[15]という本では、明治期の企業家はどういう出自であったかという議論をされています。ここからいわゆる出自論争が始まりましたね。それから、ヒルシュマイヤーさんが数多い経営者の例を出して実証する方法を採ってから、大量観察による研究が始まったように思います。

●由井　そうです。僕は出自という概念がよく分からないでいたら、formative influence というコンセプトがあると聞きました。社会学の人にいろいろ聞いたことを覚えていますよ。近代化のエリートの出自という議論は、社会学でもあの頃盛んでした。

●宮本　ヒルシュマイヤーさんは最初の頃、士族起源説でしたね。

●由井　そう。多分に土屋先生の影響を受けたのでしょう。

『中上川彦次郎伝記資料』の編纂

●橘川　次に伝記編纂についてお聞きしたいと思います。まず『中上川彦次郎伝記資料』（日本経営史研究所編、東洋経済新報社、一九六九年）からお聞きします。

●由井　『中上川彦次郎伝記資料』は非常にすんなり編纂することが決まり、中上川家も協力してくださって、資料をすべて持ち出して使うことができました。それから、中上川さんのお孫さんたちは、伝記資料が出ることをとても喜んでくれ、三井銀行も協力的でした。それから、慶應が大変協力してくれました。慶應義塾大学の富田正文先生は福沢諭吉の研究者で、戦後の福沢諭吉研究は富田先生が中心になってやっておられて、福沢諭吉のことなら何でも知っていらっしゃる。私は、中上川家の先祖のことは分からなかったし、ご先祖のことはあまり聞きませんでした。ところが、富田先生が後で伝記資料をお読みになって、「中上川家の祖先のことは自分が調べて知っている」、「入れてほしかった」と言われました。中上川家と福沢諭吉家は親類関係にあったのですね。

●橘川　『中上川彦次郎伝記資料』が出された頃から、財閥の見方が変わったと言えるのではないでしょうか。

従来、財閥は古いものだという見方から、中上川の改革が学問上評価されることによって、単なる政商ではなく、近代的な革新があったという評価がみられるように思います。

●由井　中上川の評価について、研究者の考え方はだいたい似てきたと思います。中上川は非常にラディカルな人で、人生は短かったし、三井にいた時期は短いけれど非常に重要な時期に、重要な役割を果たしました。

企業者活動には、時期とかタイミングというのは大事なことですね。時期とかタイミングによって、ものすごく大きなことができたり、なかなかうまくいかなかったりします。

中上川さんの場合には、三井にいた時期は短かったけれど、非常にタイミングが良かった。古い体制を新しくしなければならない時は、どうしてもある程度ラディカルな変化が必要です。徐々にやっても、古いものはそれほど変わりませんから。

もちろん、すごく摩擦が激しくなります。ある意味ではシュンペーターが言う通りデモーニッシュな改革ですよ。だから犠牲者も多かった。三井文庫の資料を見ても、相当あるみたいです。それこそ四方八方から非難されたようです。

●橘川　中上川との比較で、益田孝が逆コースのような見方がされましたが、最近は、むしろ中上川の路線を継承していたという見方が出されていますが。

●由井　三井商店理事会があるでしょう。資料を見ると、両者がいつも一緒に出席しているし、お互いに協議している事項もけっこうあります。もちろん両者は対立していたけれども、組織的にはお互いにずいぶん譲ったところがありました。もちろん、中上川さんがリタイアしてから、益田さんは工業部の事業、特に製糸工場を売ってしまいます。益田から見ると中上川は製造業を重視しすぎると思ったに相違ないですが、人材の登用、組織の効率化などで協力したことも非常に多いですね。

『西野恵之助伝』の執筆

●橘川　続いて『西野恵之助伝』（由井常彦編、日本経営史研究所、一九九六年）について伺います。

●由井　私は西野恵之助に大変興味があって、勉強していました。西野はユニークな経歴の経営者で、山陽鉄道、帝国劇場、東京海上、東洋製鉄、白木屋、日本航空輸送という六社のトップマネジメントとして活躍しました。ですから、西野さんは、どこにでもよく顔が出てきて、しかし、正体がよく分からないところがある。三井の人のようでもあるし、三菱の人のようでもある。伝記がないのは残念だなと思っていたところ、たまたまお孫さんが慶應義塾大学の小林規威先生の奥さま（小林美恵子さん）でした。小林家にはけっこう資料があり、西野恵之助の手紙とか日記とかを表装して、巻物にしてありました。巻物が束になっていました。それから、西野恵之助は、会社の給料を全部記録していました。最初の就職の時から月給の変化がずっと書いてありました。

●橘川　西野恵之助は、森川英正さんが書いたように「ワンダーフォーゲル型」という、点々と転職するタイプの経営者だったようですね。何か、考え方などに特徴がある方なのですか。

●由井　要するに、福沢諭吉にとても好かれていました。非常に成績が良く、福沢諭吉が目を掛けた人の中でも、彼は秀才だったようです。秀才で、語学もよくでき、福沢は、西野の前途を嘱望していたわけです。だから、山陽鉄道に入って出世するし、すぐにヨーロッパへ行って、ヨーロッパの鉄道経営を勉強し、日本へ帰ってきて勉強したことを実行しました。一九〇七（明治四〇）年の鉄道国有化の時に、民間で優秀な経営者が三人いると言われましたが、そのうちの一人が西野恵之助でした。だから、辞める時も引く手あまたでした。結局、帝劇に行きました。渋沢栄一が帝劇を作る時、帝劇の専務が必要になりました。要するに、芝居のことは知らなくてもよい。西野恵之助はモダンで、頭がよく英語ができるし、クリスチャンだからと言って専務にしたそうです。

西野恵之助は、一九一二（明治四五）年に十数年ぶりにアメリカに渡り、進歩したアメリカを見てきました。そこで発展するビジネスを見て、日本に帰ってきて、勉強したことをあれもこれもみんな実現しようとしたのですね。だから、損害保険、デパート、航空などいろいろなことをやりましたが、どれも大成しませんでした。東洋製鉄は一九二〇（大正九）年の反動恐慌から経営不振になったし、白木屋は火災にあい、最後の航空輸送もビジネスとしては大成しなかった。しかし、日吉のキャンパスがあるのは彼のおかげでしょう。ここが全部慶應になるかとみんなびっくりするほど広大な土地を買い、「こんな広い所、何にするのですか」と言われたそうです。日本では、西野のようなワンダーフォーゲル型の専門経営者は極めて例外的であり、彼が活躍する条件は整っていなかったと言うべきでしょう。

『豊田喜一郎伝』の執筆

●橘川　由井先生は『豊田喜一郎伝』（和田一夫・由井常彦著、トヨタ自動車、二〇〇二年）では、主に豊田《とよだ》佐吉について書かれたのですか。

●由井　私が執筆したのは、豊田佐吉と豊田喜一郎が二十三歳までの時代です。

●橘川　その後の時代を和田先生が書かれていますが、お二人が執筆された『豊田喜一郎伝』は、これまでの喜一郎のイメージを変えた本だと思います。

●由井　『豊田喜一郎伝』の執筆は、本当にいい勉強をしたと思いました。これまで言われていたことは、すでに申し上げた企業者活動のポイントから見ると、かなり間違いが多かったことが分かりました。

つまり、佐吉が企業者活動する時に、どうしてもお金が必要だったはずです。その資金は、第一次大戦中の織機および紡織の発展と、第一次大戦後のブームがありました。これまで、三井物産が一九二〇年三月の大暴落の前に先物取引を控えたため、損失を免れたことが指摘されています。佐吉もこの時、三井物産の藤野亀之助の助言で、早々に投機的な行動をやめてしまったため損をしませんでした。やはり、織機の事業だけでは、財産はできなかったでしょう。

●宮本　それは、佐吉と喜一郎の弟さん（豊田利三郎）が一緒にやったことですか。

●由井　佐吉は自分ではなく、任せたほうが結果的にはよかったのでしょう。その辺は、定かではありません[16]。

●宮本　私も、利三郎に経営を任せたのが偉かったのかと思ったりします。

●由井　それから、佐吉のものづくりの特徴も分かりました。佐吉は松下電器と同じやり方で、必ず普及版を造ります。いろんな種類を多品種生産して、使い勝手が良いのはどれかを探ります。理想は理想として、安いものからそろえます。常に商品をたくさんそろえているから強いですね。これが佐吉の特徴だと思いました。

それから、佐吉と喜一郎との結び付きは、熱力学の研究である喜一郎の卒業論文「上海紡績工場原動所設計書」がきっかけでしょう。つまり、この時佐吉は、工学部で勉強してきた喜一郎の才能を評価し、専門的な能力を身に付けた喜一郎を見出したと思います。その後、佐吉は、喜一郎が自動織機の開発に携わることを許可します。

ところで、佐吉が死ぬ時に遺言で「自動車をやれ」と言って、「プラットから来た十万ポンド（百万円）を入れろ」と言ったというのは巷談ですね。実際は、和田一夫先生さんが書いた通り、豊田・プラット協定の時、佐吉はすでに病に臥していましたから。

●橘川　楫西光速《かじにしみつはや》先生たちが描いた世界が通説になっていたのですね。

●由井　喜一郎さんは、マンチェスターへ行って、あんまりにも疲弊しているのでびっくりしたのです。これはもう繊維の将来はない、必ず日本も繊維の時代が終わる。だから豊田家は織機ではとてもやっていけないと感じたのですね。

もう一つ、喜一郎は自動織機を自分で造って、すごく自信を持ったと思います。自動織機のように複雑な製品を造り上げて、これなら自動車製造もできると思ったのでしょう。鋳物は得意な世界ですからね。

自動車の専門家を何人か集めて、あとは、エンジンは別にして、組み立て加工はできる、自動車製造はたいしたものではないと思ったことでしょう。喜一郎が勉強したことからすれば、だいたいはやれるなという自信があったと思います。自分でやるところは、日産の鮎川義介《あいかわよしすけ》とは正反対ですね。細かい部分までみんな自分で、マネジメントも独自のマネジメントで、アメリカの影響は全然ないです。日産はそうではない。日産はアメリカ的マネジメントで経営するが、豊田喜一郎はまったく無視しています。組織作りもトヨタ独自の組織ですし、工場の中でもこちらが空いたら、こちらに人を連れてくるようにして、最初から労働者を万能に使おうとしています。だから、最初から採用の時に、何にでも使える人を採る。特定の専門にはしないで、全部万能に育てる。ライン、工場の設計が全然違う設計にしておいて、同時に小さい製品から大きい製品まで造ろうとした。トヨタ式ですね。まさにフォードと正反対です。フォードは工作機械の互換性が大事ですが、豊田喜一郎にとっては互換性ではなく、むしろ品ぞろえが重要だったのです。お客のニーズ、そして万能、だから鮎川と正反対です。喜一郎さんのそういう点も面白かったですね。

●宮本　紡績機械からほかの機械工業に転換した例は、世界ではあまりないのでしょうか。プラットは転換できなかったのでしょうか。

●由井　プラットは一九二〇年代になると、あまり進歩しなかったのでしょう。イギリスの紡績機械産業は一九一〇年代頃にはもう下り坂になっていたのでしょうか。

●橘川　まさか豊田がGMを経常利益で抜く日が来るとは思わなかったでしょうね。

●由井　けれども、喜一郎さんは自信家だったと思います。技術的な面では、エンジンさえ良いものができればやれると。喜一郎さんが一九五二（昭和二七）年に亡くなる前の一九五〇年、喜一郎の従弟豊田英二が七月から九月まで、彼と同じく常務取締役の齋藤尚一が十月から翌月まで、それぞれアメリカに滞在し、フォードの工場を見せてもらったんです。その時、工場の大きさや材料の良さには驚いたけれども、技術的にはそんなに驚くことはなかった。豊田英二が質問したのに、向こうが答えられなかったという話があります。

●橘川　一説には、提携のためフォードに行ったという話があります。提携の条件が合わないので駄目だったという説と、行ったけれど技術的にはたいしたことないので、自主技術でいくことにしたという説と両方あるようですね。

●由井　いずれにせよ、フォードに学んだことは事実です。だけど、その二人が、我々の方が技術を分かっているなら、これはいけるぞと思って自信を持ったと思いますね。

三井や三菱がやらないような自動車事業は、大変難しい事業と思われていました。しかし、喜一郎は極端なワンマンで、お昼のお弁当まで自分が決めると言われるようなところがありましたから、逆に自動車事業に進出することができたといえます。

●宮本　トヨタ創業時とか、戦時中に部品供給を断ったメーカーは取引をお断りしたって話があります。これはどんな思想にもとづいているのでしょうか。

●由井　トヨタイズム、つまり一種の「一家主義」だと思います。自分の道理に合わない人は入るなという発想です。豊田喜一郎さんが社長を辞めた時のことについて、小山五郎さんはこんなことを言っていました。

豊田喜一郎さんは、一九三七（昭和一二）年に副社長になる前の年から東京に住んでいました。戦中、戦後は東京にいて、息子さんたちも東京の学校を出て、いわば東京人になった。それで、技術ばかりを重んずる東京人だといって、戦後のストライキの時、労働者が、喜一郎さんに親しみを感じなくなった。名古屋の人は結束が強くて、東京人の技術者につぶされるという意識があって、そこで、石田退三は売る側が言うことを、造る側が聞くようにすることを考えた。要するに、営業第一にしなければ駄目だと。だからやはり喜一郎さんに退陣してもらおうと三井グループも考えたという話を聞いたことがあります。逆に、トヨタは、織機、繊維産業に乗っかった自動車産業という色彩がどこかにあります。そこにトヨタの強みがあるということですね。

『堤康次郎伝』の執筆

●橘川　次に堤康次郎さんの正伝である『堤康次郎』（由井常彦編、由井常彦・前田和利・老川慶喜著、エスピーエイチ、一九九六年）については、いかがでしょうか。

●由井　私は長野県人で佐久の出身ですから、私は生まれた時から堤さんのことを父親から聞かされていました。「堤さんが、長野県に乗り込んで来て、軽井沢の開発を始めた」と言っていました。私の父親も軽井沢で山林を経営していました。私が小学生の頃、父親が自動車に乗って、

「堤さんのところが始めたうちを見にいこう」といって出かけました。新しいホテルやゴルフ場ができ、岩窟ホールなんて、夢みたいなところを造ったりして、私が子供の時、そういうところに行くのがけっこう楽しみでね。だから、堤さんに大変興味を持っていたのですよ。それで、何かの用で、堤清二さんが土屋先生のところに来たことがあります。

それから私の父親が西武鉄道と取引があって、材木を入れていました関係で、プリンスホテルができた時に、一九五七、五八（昭和三二、三三）年頃、レセプションがあって、その切符が当時大学生だった私のところへ来て、初めて東京の大レセプションというものを見ました。その時に堤康次郎さんが出てきて、庭にボクシングのリングみたいなものを作ってね。自分が柔道着を着て現れました。三船十段と対戦者をそのリングで組ませて、それを堤康次郎氏が解説する趣向でした。それから堤さんが演説しましたけど、誠に普通の人という印象がありました。

『堤康次郎』伝を執筆したきっかけは、堤清二さんから、堤康次郎さんの何回忌だったか、それに間に合わせて本を出したいと頼まれました。堤清二さんは、伝記を作ることによって「父堤康次郎への負いは終わる」と言っておられました。たしかに、私としても堤康次郎伝には大変興味がありました。ただ、執筆の期間はあまりないし、政界、財界の両面にわたる堤康次郎の活動範囲はとても広いから自分一人ではとてもできない。そこで主に鉄道は老川慶喜先生、デパート他の流通関係は前田和利先生のお二人にご尽力をいただきました。結果的には政治家としての活動は完全には書けませんでした。資料としては、吉田茂の手紙など、書簡類がありましたけれどそれほど使えませんでした。でも、それまでよく分からなかった若い時代のことがだいぶん分かって勉強になりました。

企業家としての堤康次郎は、空前にして絶後の人物です。当時の箱根や軽井沢の開発を実行した行動力は、まさに企業者活動そのものですね。それから、あの時代だからできたことで、今後は絶対ありえないでしょう。時代的に、ちょうど中産階級が形成されようとしている時ですからね。

●橘川　阪急の小林一三とはかなり違っていますね。堤康次郎はかなり事業で失敗もしています。

●由井　まず、小林一三の方がずっと論理的ですね。それから、人の使い方なども優れていましたね。堤康次郎さんはやはり野人ともいうべきところがあります。

●橘川　堤康次郎さんは、五島慶太とだけではなく、小林一三との関係もあまりよくなかったようですが。

●由井　堤康次郎はやり方が強引すぎるというので、小林一三は東京へ出てきてからも、堤さんとは全然、接触しなかった。小林一三は行動範囲が広くて、誰とも付き合った人ですが、堤さんとは全然肌合いが合わなかったようです。

●宮本　前に『セゾンの歴史―変革のダイナミズム』上・下巻（由井常彦編、リブロポート、一九九一年）が刊行された後、日本経営史研究所でシンポジウムを開催し、堤清二さんのお話を聞きました。その時、堤清二さんが面白いことを言われました。それは、「西武鉄道と西武百貨店は、縁はあるがゆかりはない会社」と言われたことです。しかし、「ゆかりもある会社じゃないか」と言ったら、「とにかく、西武鉄道と西武百貨店は違うものであるということだけを書いてほしかった」とおっしゃいました。

●由井　でも本当は、縁はありましたよ。土地は両社で使って、セゾンだって、ずいぶん鉄道の土地を使っていました。だから西友は良かったと思います。それから、もちろん前線部隊は両方とも使い回した。お互いに、相手を利用していました。

●宮本　現在の西武を巡る問題について、堤康次郎氏は何か遠因を作っているのかどうか、その辺、すこしお話しいただけますか。

●由井　堤康次郎さんは、ある意味ではとても常識的な人なのですが、一方で、非常に世界が限られていて、常識とは遠い世界があるように思います。

●宮本　たとえば、堤家の家訓のようなものがありますね。家訓を作って、同族財産を一生懸命守ろうとしているにもかかわらず、一方で、息子たちを仲良くさせるのはうまくないし、結局、同族の和を保つことができなかったわけですね。

●由井　そこはまったく常識では理解しがたいようなところがあります。本人はそれが弱点だとは、あまり自覚していないと思います。非常に狭い家意識なのでしょう。したがって、株式会社を理解しなかったわけですね。つまり、株式会社は企業家のやるべきものではない。株式会社をつくると大勢の人の意見を聞かなくてはならなくなりますから。そうすると、自由に意思決定ができないし、思い切った意思決定もできない。また、時間もかかる。結局、家族企業でワンマンなら速いし、能率も良い。結局、それがみんなのためになると固く信じて疑わないのでしょう。

　だから、堤康次郎がいつも言っていたのは、一番駄目なのは役人で、役人のところに行くと決まるものも決まらない。その次が株式会社で、株式会社では良いことが実行できない。だから結局、ともかく速くやること。決めたことをその都度やればよいというやり方ですね。こういう企業者活動で劇的なことをする人は、一方で大きな欠点を持っていることが多々あるように感じます。

『憂楽五十年　芦原義重―回顧と展望』

●橘川　それでは関西電力の経営者であった芦原義重氏[17]の伝記（『憂楽五十年　芦原義重―回顧と展望』由井常彦編、日本経営史研究所、一九七八年）について、お願いします。

●由井　芦原さんは私がとても恩になった方です。芦原さんが社長になった時、若い人の意見を聴きたいと言って、若い人を五人集めて話を一年に何遍も聞きたいと言ってきました。政治学では高坂正堯《こうさかまさたか》、永井陽之助、社会学は富永健一、そして経済学、経営学では宮下藤太郎と私というメンバーでした。
　芦原さんは大変謙虚な人です。自分は工学部出だから、エンジニアのことは分かるが、社会科学を勉強してないから、専門家にいろいろ聞きたいということでした。芦原さんは聞き上手でしたね。私は、最初からそうした芦原さんを大変尊敬しました。ともかく、いろんなことについてよく勉強されました。それから芦原さんは小林一三をすごく尊敬し、自分も小林一三さんのようないい仕事をするようにならなくてはと言っていました。非常に謙虚で、行動力、能力のある経営者であり、とても尊敬しました。

ある時、芦原さんのしゃべる話がとても面白かったものですから、それをまとめて本にしたらどうか、とすすめました。関西の場合には、民営から国営にいたるまでいろんな問題が出ていました。それを芦原さん自身が一番重要なとこを経験しておられ、そういう経験は大変大事なのでお話を聞きたいと思うと申し上げたら、話しをすると言いましてね。最初から本にするつもりはなかったのです。芦原さんは残しておけばいいとだけ言っていたのですが、途中から、本にしようということになりました。ただ、芦原さんはすごくきちんとした人ですが、話し上手ではないのですよ。また、自己顕示欲が強い方でもないし、淡々とした方でした。ですから、こちらがもっと準備して、話題を提供すればもっと違った内容になったかもしれません。

●橘川　でもあの本は、電力史にとっては非常に貴重な証言です。芦原さんとの対比で、当時の雰囲気を知るためにお聞きしたいのですが、太田垣士郎（関西電力初代社長）はどのような経営者だったのでしょうか。

●由井　芦原さんは太田垣さんに好かれていて、もちろん太田垣さんをサポートしていました。それで、世間では太田垣さんは文科系の出身で、スケールの大きい人で、大所高所から方針を決めるタイプと思っていました。

それに対して芦原さんは理系出身で、技術的な面を補うような関係がたしかにありました。ただし、先ほど言ったように芦原さんは必ずしも大きいことが不得手というわけではなく、そういうこともやらなければいけないと思って、太田垣さんとの付き合いの中で、一生懸命に教わったようなことをおっしゃっていました。

だから、最初は専ら補う関係だったけれども、だんだん成長していったと思います。社長就任時は、非常に寡黙でしたが、だんだん視野が広くなっていきました。

安田善次郎伝の構想

●橘川　執筆中の安田善次郎伝についてお願いします。

●由井　しばらく前に『安田財閥』(由井常彦編、日本経済新聞社、一九八六年)という本を書きました。その過程で、安田善次郎についてこれまで書かれていることに誤りがあることに気がつきました。善次郎さんは明治初年に太政官札でものすごい金もうけをして、大成功したといわれています。帳簿からよく調べてみると、投機で成功したわけではなく、合理的に、的確に資金を運用して成功したのではないかと思いました。そんなことで、善次郎さんに興味を持ちました。

これをきっかけに、三代目の安田一《はじめ》さんに呼ばれて、自分の祖父は精確に日記を付けている。あなたが勉強をしたいなら、コピーを提供しますと言われました。最初の方は全部筆書き、途中からペン書きになって、大正時代になるとうんと薄くなったりしています。読むのに時間がかかりましてね。ようやくそのうちに読めるようになって、最近は安田さんの手にも慣れて、それから周りのことも分かってきたので、書きたくなってきました。

安田さんは、極端に世間のイメージと本人が違います。善次郎さんは、非常に綿密、緻密で、しかもものすごく気持ちのおおらかな人でした。岩崎彌太郎さんの晩年の日記と対照的です。彌太郎さんの日記は「疲労困憊した」とか、「自分が一人で全部やり回して、もう疲れきった」といった日記ですね。

安田善次郎さんは正反対で、もう旅行には行く、芝居を観に行く、のんきなものです。それで、実に悠々と名所・旧跡を訪ね、守銭奴みたいに働いていないのですよ。それがすごく面白く思われましてね。それで、日記を見ると、仕事は人に任せっぱなしで、一晩すれば北海道へ行ったりしています。自分が人を配置して、何をすべきかを言って聞かせ、あと、自分はのんびりしたものです。そういうところがとっても面白いと思いましたね。

●宮本　それは新しい発見ですね。

●由井　それから、『三井文庫論叢』[18]に書きましたように、日銀の設立自体、実は安田善次郎さんが、かなり一人でやっています。日銀の設立時と、その後は、安田善次郎さん自身が常勤理事、貸付局長を兼ねていますす。結局、安田さん一人が、松方正義に頼まれてほとんどやっていたのです。どのくらいの収入、資産、従業員があればよいか、手形はどう扱うべきか、どんな組織で、どのくらい報酬を与えるか、役人には分からないのです。

結局、安田善次郎さんに実際のところはやらせるほかはないわけですよね、善次郎さんの資料を調べて、日銀の設立過程、政府との関係も、初めて順序よく分かりましたね。でも、安田さんはまったく管理には向かない人でした。日銀の仕事も半年ぐらいやると、もう嫌になってきました。役人たちと付き合っていたら仕事にならない。だから、数カ月で常勤理事、そして二年後には理事をあっさりと辞めました。日銀の方もお引き取りを願ったのでしょう。従来の本には書いてないことばかりです。何とか来年中には『安田善次郎伝』を書きたいですね[19]。

経営史学と伝記執筆

●宮本　伝記というのは文学の一ジャンルだったと思います。しかし、由井先生は文学者としてお書きになっているわけではないので、経営史家として、人物を描く時に、どういうスタンスでお書きになったのか、それを最後にお伺いしたいと思います。

●由井　それが一番ポイントで、難しいテーマですね。私は、日本経営史研究所ができた頃、土屋先生、宮本又次先生らと作家の人たちと伝記について話し合ったことがあります。要するに、土屋先生は渋沢栄一を「民主主義のチャンピオン、リーダー」と書いているが、小島直記さんは、それは渋沢を理想化しすぎていると批判したわけです。渋沢さんは自分の父親に、自分のことを「お殿様」と呼ばせている。だから、大蔵省に勤めた瞬間から、渋沢家では渋沢栄一さんはお殿様になった。本人もそう呼ばせているのは、民主的ではないという話です。土屋先生、反論しないで笑っていましたが、「やはり伝記を書くのは、作家の皆さんと私どもとは違いますね」と言っていました。

それから、学者にはメリットがあるが、一方でデメリットもあると思いました。デメリットとしては、学者は会話を書けないということです。我々は、存在しなかった会話を書いてはいけないですから。我々のモラルとしてね。本人がしゃべった文章、それから本人がどこかでしゃべった言葉は採れるけれど、そうでない会話は書けないですね。学者は、そこは禁欲的でなければいけない。ところが、作家の人は、山場のところで、主人公にしゃべらせているわけです。でも、それが読者に本を読ませているのですね。だから、ここが学者のデメリットだろうと思います。

宮本　そうですね。

由井　それを補うのには、よほどまわりを書き込んでいって、会話を書けなくても、文章を読んだ人が会話を思い浮かぶくらいまで書かなければならないことがあると思います。だから、重要なシチュエーションについては、いろいろな見方を紹介したりして、そのうえで最終的に読者がこうじゃないかと思うような書き方をして、会話以外の手法でもっていかなければなりません。

それから、我々のメリットは、営業報告書などはよく知っているし、少なくともファイナンスなどは知っているから、それらを書き込んでいくというところでしょうか。

ですから、我々のメリットはあるものの、デメリットは今、言ったようなところにあります。

でも、我々はさまざまな見方の資料などをよく読んで、バランスの取れた書き方をするというのもメリットでしょう。学者が書いた伝記は、イギリスでもアメリカでも、たとえばフォードや、GMのスローンについて、やはり学者の書いたものの方がそこのバランスは、かなり良くなっていると思います。

●宮本　一般の伝記は、我々の子供の時代にはたくさん本屋に並んでいました。「野口英世伝」とか、「豊田佐吉伝」などが並んでいましたが、最近は、あまり見かけなくなりました。個人の伝記がなくなった代わりに、城山三郎さん、司馬遼太郎さんのような作家の本が読まれているように思います。たしかに作家は読ませる工夫を持っているから多くの人たちに読まれるのですが、やはり本当は歴史家が書いた伝記を読んでくれと思いますし、読ませる工夫も必要だと思います。

●由井　そこは、宮本先生と同じような考え方を持っています。やはり、読者を意識することは重要ですね。しかし、読者を意識するにしても作家の場合とはまた異なるところがあります。例えば、高名な作家が、読ませるためにはかたき役を作らなければ駄目だと言っています。かたき役を作ると、構図がはっきりして読者に分かりやすくなります。しかし、歴史家として、これはしてはいけないことですね。当然、比較は必要ですし、比較することによって特徴が明らかになることはたしかです。しかし、意図的に最初から一定の像を設定して描くという方法は適切ではないでしょう。

最後に、一昨年おかげさまで日本工業倶楽部編『日本の実業家—近代日本を創った経済人伝記目録』（日外アソシエーツ、二〇〇三年）が刊行されました。脇村先生は、英国の『実業家伝記事典』（David J. Jeremy (ed.), *Dictionary of Business Biography: A biographical dictionary of business leaders active in Britain in the period 1860–1980*, London Butterworths, 1984-1986. 5 volumes and 1 supplement）にならって、日本でもぜひこれに匹敵する実業家伝記集成ができないものかと常々おっしゃられておられました。先生のご意向に従い、さしあたり物故者八十人についての伝記目録の刊行を、日本工業倶楽部の新装に際してお願いし、日本経営史研究所の協力によって編纂いたしました。今後、この本を手掛かりにして、将来は本格的な伝記集ができればと願っております。ここにおられる橘川先生、そして安部悦生、佐々木聡両先生にもご協力をいただきました。厚くお礼申し上げます。

●宮本　本日は長時間にわたって、貴重なお話をありがとうございました。

（二〇〇六年一一月収録）

1　由井家は、長野県大日向村において、一八八七（明治二〇）年に木炭問屋である与志本商店を開業し、その後、一九一〇（明治四三）年に与志本合資会社が設立された。

2　大日向村は、現在の長野県南佐久郡佐久穂町にあり、十石峠をへだてて群馬県上野村に接していた。

3　一九一六年時点の与志本合資会社の役員を指す（『與志本五十年のあゆみ』一九六一年）。

4　一九一九年八月、南佐久郡木炭同業組合が設立された。その後、一九三八年に南佐久郡木材同業組合

（会長由井定右衛門）、一九三九年に長野県木材業組合連合会（理事長由井定右衛門）が設立された。

5 W.Sombart, *Der Moderne Kapitalismus*, 1902.

6 西川孝治郎『日本簿記学生成史』雄松堂書店、一九八二年。

7 元町工場の完成は、一九五九年八月であった（『創造限りなく―トヨタ自動車五十年史』三四〇頁）。

8 財団法人日本経営史研究所は、一九六八年に設立され、初代会長は土屋喬雄であった。

9 化学者。大阪大学教授時代に味の素の合成法の研究を行った。

10 『新三菱重工業株式会社史』三菱重工業株式会社、一九六七年。

11 小林良正・服部之總著『花王石鹸五十年史』花王石鹸五十年史編纂委員会、一九四〇年。

12 『三井不動産四十年史』三井不動産株式会社、一九八五年。

13 Johannes Hirschmeier, 1921–1983.

14 四四頁注16を参照。

15 J・ヒルシュマイヤー著、土屋喬雄、由井常彦訳『日本における企業者精神の生成』東洋経済新報社、一九六五年。原著は、Johannes Hirschmeier, *The Origins of Entrepreneurship in Meiji Japan*, Cambrige, Mass.: Harvard University Press, 1964.

16 当時、商品売買の責任を執っていたのは、喜一郎の義弟利三郎（豊田紡織株式会社常務取締役）であったとされる。由井常彦「三井物産と豊田佐吉および豊田式織機の研究（下）」『三井文庫論叢』第三六号、二〇〇二年、一七五-一七六頁。

17 芦原義重氏は、一九五九年関西電力社長に就任し、一九七〇年会長、一九八三年名誉会長となり、一九八七年二月まで取締役を務めた。
18　由井常彦「日本銀行と安田善次郎――『安田家文書』による設立過程の研究」『三井文庫論叢』第三八号、二〇〇四年。
19　由井常彦『安田善次郎―果報は練って待て』ミネルヴァ書房、二〇一〇年、として上梓。

三　中曽根内閣の経済政策立案への助言

―経営史研究の実践への適用の可能性

聴き手　島田昌和・佐々木聡・高橋清美・松本和明

1　中曽根康弘氏との出会い

兄を通じて

中曽根氏との出会いは、ずいぶん古くて、まだ中曽根さんが四十代の頃でした。運輸大臣（第二次佐藤栄作内閣一九六七年一一月二五日－一九六八年月三〇日）として就任する前で、まだあまり役職をしていない頃です。当時の中曽根さんはいわゆる「青年将校」で、思うことをズバズバ言う方で知られていました。

きっかけは簡単なことです。私の兄が高碕達之助通産大臣の秘書官をしている時で、僕が兄と何かで話し込んでいるところに中曽根さんが入ってきて、兄が僕を経済学部の院生と紹介してくれました。その時、中曽根さんは、「安藤（良雄）君が教授になったって本当かい」と聞くので、

「なりました」と答えました[1]。中曽根さんは、安藤先生には批判的で、「安藤君が経済学部の教授なら、僕は法学部の教授だね」と軽口をたたいていました。

安藤中尉と中曽根中尉の二人は海軍でも評判の方たちだったのです。この二人は経理学校卒の将校に任命され、海軍へ行ったエリートでした。兵学校出の海軍の仲間から見たら、大学を出ただけでいきなり将校というので面白くない。しかし、この二人はそういうことに少しも怖気づくことない、強い人だったのです。中曽根中尉は体格がよいうえに精神的にすごい人で、安藤中尉というのは知的なエリートという評判だったようです。

安藤中尉と中曽根中尉

安藤中尉というのは、東大の助手で、日本の生産力とか日本の経済力を研究する統制経済の草分けでした。海軍の人たちからみれば、頭はすごくよくて、学問的な知識があって、何でもこなせる男だと思ったと思います。だから、事実、終始本省に勤務を続けた。それに各省に出かけては、資料を要請した。日本の防衛力とか、次の作戦のうえで何が必要とか、どのぐらい石油が要るんだろうとか。そういうことですから、みんな協力して資料を見せたことでしょう。それらを集めて研究のためにもと積んでおいたわけでしょう。

中曽根中尉は正反対で実戦に参加しました。開戦の直前に、巡洋艦に乗って、南方方面に行っていました。有名な巡洋艦青葉に乗って実戦にも参加していました[2]。南方方面の占領地域の経済に関わったようです。それで現地で発行する軍票などの上で寝ていたと言っていました。第一線で戦った中曽根さんは、そういうことを克明に覚えていましたね。

中曽根氏と土屋喬雄先生との出会い

そういうわけで、私は学部では土屋喬雄ゼミでしたが、土屋先生の定年後は院生としては安藤先生の指導となり、安藤・中曽根のお二人はともに親しい先輩となりました。間もなくして、中曽根さんが運輸大臣になった時、若い学者の意見を聞きたいとのことで、関係が続きましたが、大臣辞任の後すぐ、中曽根さんは拓殖大学の総長になったんです[3]。総長としては若くて、反対もありましたが、本人はやりたいということでした。中曽根さんは、自分は右寄りに見られるから、総長は自分がやるけれども、学長は左寄りの方がいいので、それには土屋先生になってと希望されました。それで僭越ですが私が紹介して、そのお二人を引き合わせることになりました。赤坂見附の虎屋の下に料亭があって、そこで僕がお二人を紹介する格好で会いました。

土屋先生は、会うなり「中曽根さん、あなたは政治家として、まことにいい顔をしている」と言われてね、「総理大臣の顔というものがあると思うが、日本人はあんまりいない。自分の印象では、山本権兵衛と原敬が総理大臣として立派な顔をしている。戦後はね、佐藤も少しいいけどね、あなたが一番いい」と言われました。その時、土屋先生はすごい惚れ込みようでしたが、「学長については、自分はあんまり大学の管理職が好きじゃないし、縁もなかった」と固辞されました。それでも中曽根さんは、「それでもぜひ」と言われ、短期間だけ大学院長をやったんです。ところが、院長になって半年もしないうちに、空手部で死亡事故が起きて、それですぐ中曽根さんも責任を取る格好で辞任し、土屋先生も辞めましたので、半年か一年くらいしかなかったですね。

土屋先生は中曽根さんに期待していましたが、一方で、田中角栄は嫌いでした。中曽根さんも経済史の大家として土屋先生を尊敬していました。我々は全然経済史の知識はないが、先生の『日本経済史概要』(岩波書店、一九三四年)は知ってると言っていました[4]。土屋先生のこのご本は、ものすごく売れました。あの頃の大学の先生は、給料が少なくてもね、教科書としての本が売れる先生が多かったんです。尾高朝雄《おだかともお》先生の『法学概論』(有斐閣、一九四九年)とか、すごく売れたんですよ。土屋先生は非常に潔癖で、俗物的な田中角栄をひどく嫌がっており、中曽根内閣が田中派の支援を受けて成立した後は、中曽根さんとの交流も疎遠になりました。

2　政策への関わり

政治家秘書の兄

この頃からのことですが、中曽根さんは、僕が率直なことを言うのを、結構興味を持ちまして、「僕の事務所によく来なさい」と言ってくれました。それから、中曽根さんは、私の兄(由井克巳）に、「長野県から（代議士として）中曽根派で立候補」するようにすすめられました。土屋先生も私の兄を政治家に向いていると言っておられました。しかし、いろいろな事情で政治家にはなりにくい状況になってしまいました。

家業を継承した兄と中曽根さんの支援グループ

兄は、結局政治家にはならなくて、それで父が経営していた与志本という木材の会社の新設コンクリート部門、ヨシモトポールという会社を創業することになりました[5]。この工場は、群馬県の藤岡市に設立されましたが、たまたま中曽根代議士の選挙区でした。中曽根さんは、「私は徒手空拳で政界に入りました。由井君も長野県出身で、この群馬に工場を作って、徒手空拳で実業界に乗り込み、木材からコンクリートに転じた有能な経営者です」と激励してくれました。中曽根さんには、有為な政治家にはよくみられたように、サポートするグループがいくつもありました。そのうちの一つに内務省出身のグループがありましたが、私の兄はそこの幹事役をしていました。財界との関係を密にするようにアドバイスする人もいましたが、それには「政権が近くなれば、財界は向こうから寄ってくる」と言って取り合いませんでした。

運輸大臣時代の政策提言

中曽根さんが運輸大臣になった時、初めて私は、政策への提言に関わりました。中曽根さんは佐藤栄作総理大臣に呼ばれて、「君、運輸大臣になってもらう。それで運輸大臣というのはとても面白くていいところだ」と言われたそうです。

しかし、中曽根さん自身に運輸政策の経験がなかったので、第二次佐藤内閣で運輸大臣になった時、初めて私に、「二、三人の学者グループを作ってくれないか」と言われました[6]。それで集めたのが、林周二《しゅうじ》先生などですね。それからほどなくして亡くなりました。一橋の坂本二郎先生、みんな若手ですね[7]。メンバーを固定したわけではなくて、その時その時でずいぶん変えました。中曽根運輸大臣も時には意見を聞く。林周二先生は、極めて熱心で、しょっちゅうアイディアを出していました。そういう若手中心の学者グループの主張から、従来のもっぱら許認可行政の運輸省を、経済官庁として定着させるという方針が生まれました。

当時の話題

私にとっては、学者の立場から政治家に提言というか、政策を議論する一つの関係ができた最初です。なお中曽根さんも率直にずいぶん一人一人に「どう思いますか」と聞いていました。例えば、日本の税制は間接税もやるべきかとかね、その頃から出ていました。森川英正さんが「減税は必要がない」と減税無用論を強調したことはよく覚えています[8]。

ほかにもやっぱり高度成長で、いろんなことがありましてね。七〇年安保が到来したことです。沖縄の問題も、第三次佐藤内閣の末頃ですが、早々に我々は、これがピークでこれ以上発展しない、との意見でした。山場の時に高坂正堯さんは、一番先に言っていましたよ[9]。

中曽根さんは「学生が今度もう一段騒ぎがあって、学生が町の中に出てくる」のではないかと考え、それこそ市民デモみたいなもの、パリの革命みたいになるんじゃないかということです。

当時、羽仁五郎の『都市の論理』(勁草書房、一九六八年)がもてはやされており、「これで学生運動もおしまいだ」というのは、すごく斬新に聞こえたらしくて、中曽根さん自身もそれで判断したようです。学生の言ってるところには同情すべきなんていう人がたくさんいた中で、「要するに理想主義の堕落体だ」ということですね。「何ら創造性がない、社会的にも文化的にも意味はない。理想主義の堕落体だ」というふうに、富永健一君が『中央公論』に学生運動否定論を書きました(一九七〇年)[10]。高坂君の発言とか、富永君の論文は、影響がありましたね。中曽根さんも、最初は聞くべきところもあるんじゃないかというところもありましたが、早々に学生運動を全然無視するようになりました。

芦原さんを囲む勉強会

もう一つ、関西電力の芦原義重さんが社長になって、自分が理工系の出身なので、思想とか、社会科学はそんなに知識がないから、若い人の意見が聞きたいという相談があって、三、四カ月に一度でしたか、会合がかなり定期的に開かれました[11]。最初は政治が高坂さんで、社会学が富永健一君で、歴史が私で、それから経済学は東大の宮下藤太郎さん。定期的だったから、我々の勉強にも有用でした。

この会は、僕らが三十代の末から四十代、五十代ぐらいまで、結構長続きしました。芦原さんと中曽根さんの勉強会は、メンバーが一緒の時もあったけれども、違う形でした。芦原さんの方はちゃんとテーマが決めてあって、それを自由に論じていました。芦原さんは、ほとんど聞き役で、自分の息子のような連中がしゃべっていることをよく聞いていました。そういう態度には感心しましたし、質問もとても具体的で、芦原さんは大経営者だなと思いました。

中曽根さんを囲む勉強会

中曽根内閣が近づく頃から、この会では、政治については政治、経済については経済というふうになり、二、三人が意見を求められました。それで私は経済と歴史みたいな立場でした。佐藤内閣以降、高坂正堯さんが参加したことがありました。中曽根さんは高坂さんをあまり好きではなかった。高坂さんは、むしろ佐藤内閣以降福田さんについていましたね。加藤寛先生は、どの内閣にも関係しており、政府から信用されていました[12]。しかし主流派寄りのせいか、中曽根総理とあまりしっくりはいかなかったですかね。中曽根内閣の初期に、中原伸之さん〈当時東燃〈東和燃料工業㈱、現・東燃ゼネラル石油㈱〉の役員〉が勧めたという話ですけど、藤野正三郎一橋大教授[13]が、同じ一橋大学の財政学の石弘光教授[14]と、それともうお一方に、要するに経済学者ということで意見が求められたことがありました。

藤野さんという人は本当の真面目な学者でね、自身で丁寧な国際的なモデルを書いてこられた。緻密な自分の理論に基づく数学入りの説明を始められた。しかし、それは政治的な必要には必ずしも適当といえるものではなかった。だから中曽根首相は、僕は数学は不得意でね、数学的モデルというのはよく分からないんだと、それで日本の場合はどういうことが言えますかと聞いたら、これまた、このところが日本、こっちがイギリス、とすごい難しい説明をされ、要するに、藤野先生は首相と合わないタイプでした。

それから石先生の方は、日本の財政には間接税が必要なことを説明され、この点で加藤寛先生や私どもと同じでした。石先生は途中から大蔵省の方に、政府当局の方へくっ付いたような感じでした。それで、翌々年、税制改革が目標にのぼると、政府委員としても非常に活躍したんですね。そういうこともありました。

中曽根さんの学者に聞く姿勢はずっと長くありました。それこそ総理大臣を辞めてからも変わらなかった。自分の頭をフレッシュにするみたいなところもありましてね。それから案外聞き上手でもありましたね。いろんなことを勉強していて、それは偉いと思いました。

固定したメンバーがずっと続いたということはほとんどなかったと思いますが、私は、幹事役じゃないですけど、比較的会合の回数は頻繁だったです。そこは信用されたんでしょうね。それから私は案外具体的に答えたんですね。だから政策はこういう政策がいいというような。こうすべきだというのはずいぶん言って、それは影響力があったと思います。

経営史の実際的有用性と東京湾横断道路

ここで私が皆さんに言いたいのは、経済史や経営史の研究は社会的に役に立っていないと若い人から聞きますが、そんなことは決してないということなんです。かつて脇村義太郎先生は、戦後に独占禁止とか公正取引の分野で大きな役割を果たされ、石油問題はじめ産業史や経営史のオーソリティとして、政府の政策に多大な貢献をされました[15]。私自身も当時脇村先生から大いに学びました。中曽根総理は土屋先生を尊敬したり、私の意見などを聞いたりして、歴史的な経験はとても役に立つと言っていました。具体的な問題に対して提案もできる。むしろ理論経済学などは、やはりモデルになると、現実の必要と離れすぎるところがあると思います。

かなり役に立ったのは、東京湾横断道路です。東京湾横断道路は、中曽根政権では末期の時ですね。運輸大臣が、静岡県の代議士で、中曽根派の忠実な部下の方でしたから、東京湾道路の建設は株式会社が至上命令でした。私は、明治末頃の国策会社、南満洲鉄道が、株式会社として発展した事例が頭にありました[16]。第三次内閣が発足して間もなく、建設大臣から僕のところへ電話がありまして「建設省に来てくれ」と言われました。夏の暑い時で、建設省の幹部がずらり並んでいました。すると、建設大臣が「今度、東京湾横断道路計画をこの内閣でやります」と宣言して、「その案は、株式会社で設立するもので、原案は由井先生が作りますから、それを承知してくれ」と言ったので、私はびっくりしたんです。

それでその原案は、株式会社でやるような案にしても「やはり専門家がいなければ困る」と申し上げたところ、松原という審議官がやりましょうと言ってくれまして、それで決まりました[17]。

私が要綱を作る時に考えたのは、千葉県はあまりにも房総、特に木更津の西側の方一帯は評判がよくないけれども、しかし湘南と気候が似ているということでした。だから、今回の道路には、千葉県に新しい湘南地方を作ったらいいのではないかと考えました。それで湘南地方みたいなイメージを作って、東京から家族で行って、ご主人はゴルフをやって、奥さんは魚か何かおいしいものを買って、子供たちはディズニーランドみたいなところで遊べるように、そんな施設を作るとか。そういうふうに多機能を持たせて総合的に開発するのがいいのではと思ったのです。それからちょっと調べたら、木更津方面は、新日鐵と興銀がたくさん土地を持っていました。だから新日鐵と興銀の土地を開発すれば、商売になるだろうと思ったのです。

距離が近いので総合開発すれば、とても魅力的なものになるのではないかと、そういうことを考えているうちに、ちょっと情熱が出てきまして、その審議官と二人で要綱案を作りました（同案は『中曽根内閣史』に所収[18]）。料金については、二千円ぐらいなら、大いに使われるんじゃないかと思ったのですが、役人の方は計算した通りに出すもんですから、同案では四千円になってしまい、創業時は赤字経営になってしまいました。今は二千円ぐらいになりましたでしょう。そうしたらすごく人気が出てきましたね。最初の四千円じゃ高すぎましたね。

結局、東京湾横断道路はぜひともやるべきことをやったという意味はありますけども、そんなにうまくいかなくて、予算もずいぶんオーバーしたし、開通までも、時期がずいぶん延びました。今になって，よくなったんですけどね。

3　中曽根総理時代の政策提言

(1)　中曽根内閣への提言の端緒

施政方針演説の手助け

総理大臣になった時に、参考までに施政方針演説の原稿を書いてくれまいかとの指示がありました。でも一夜漬けではうまく書けませんでした。ただ、実際の方針演説の一部にいかされた部分もありました。

といいますのは、中曽根内閣というのは、その前の鈴木善幸内閣が政争のあげく投げ出したようなところがあって、外交内政とも非常に難しい状況でした[19]。ちょっとピンチなところもあったのですが、ピンチなところを回復する力は、日本自身が明治維新以来しばしば見せてきたところです。平和だとあんまり重要な政策は出てこない。なにかの大きなきっかけがあると、それをばねにして、大きな転換ができて、やれてきたんだと書いたのですが、そこだけ取ってくれたんです。しかし、アメリカ寄りの外交とか、内政の転換、そして、たくましい文化をはじめ多くはご自身の発想です[20]。

三公社民有化の方針

他方、具体的には、すぐ問題になっていたのは民営化でした[21]。Privatization で、民営化というのは、同時に自由化でもあるし、国際化でもありました。公社、特に三公社の解体でした。国鉄と電電と専売だから、これはどうしても民営化しなくてはならない。なかなか難しいし、中途半端ではあまり効果がないなと考えていました。しかし、民営化は世界の潮流でしたから、そして民営化は、国鉄、専売、電電が中心で、ではその順序をどうするかということの議論がすぐ起こってきました。

国鉄については、経済学者の伊東光晴先生が熱弁をふるって「国鉄を解体しないと、日本が沈没してしまう」というような議論を出してきました。「国鉄は累積的な不良資産が膨大になっている。それはもうどうにもならなくなっており、国債で賄えないようになって、国鉄自体ばかりか日本経済の危機に通ずる」という理論で最初に手をつけるべきと熱弁をふるいました。

また、元首相の岸信介は「日本で官僚制度の改革というのは、明治維新とマッカーサー司令部と二度しか経験が無く、本当にやるとなるとすごい難しいぞ」と言ったそうです。中曽根総理は、これは工程管理をどうするかが重要だと言っていました。それで民営化の工程管理については、三公社の前に関西空港という大きなプロジェクトがありました。

(2) 関西新空港

関西新空港の「株式会社」案

関西空港の大きなプロジェクト、成田に対応する大きな空港が関西にどうしても必要というのは、関西財界の悲願で、前からそれはずいぶん話題になっていました[22]。ですが、いずれは公団で許可するほかないというようなムードがありました。関西電力の芦原さんとゴルフを共にする機会があったところ（私は全然できないんですが、お相伴にあずかったのです）、芦原さんが「正式に由井さんに陳情することがあります」と、関西空港をよろしくと、ははは と笑って言うんです。その時は関経連の会長を辞めたすぐ後だったのですけどね。

関西新空港については、当時、第三セクターでやるからみたいな案が出ていたのですが、私は、株式会社でやれないことはないと思いました。だいたい公企業というものについては三公社という考え方自身が昭和三〇～四〇年に定着した。公企業と私企業に分けて、私企業というのは株式会社で、公企業というのは公団とか、公社でやるものということになり、それは教科書にも書いてあるんです。しかしそれは絶対ではなくて、昔を遡れば、幹線鉄道も満鉄みたいな大きな会社であったし、しかもあれは株式会社で成功していましたからね。だから同じようなもので、関西空港だって、株式会社でやれないことはないと芦原さんと論じました。中曽根総理も、「総理大臣として公団ではハンコが押しにくい」と、周囲にそう言っていたようでした。

芦原さんの反応

芦原さんも、一週間ぐらい経ってから「それでいきましょう」と言ってくれました。「私は小林一三に育てられた人間だからね、民営というのがいい。株式会社でみんなが知恵を発揮するのが一番いい。私はやれると思いますよ」と。

私は、官庁の方は反対で人も出さないと思いましたので、「関電の中で、一人、この問題を専任に考えて、法律が詳しい人を出してくれるとありがたい。アイディアもあり、法律もできる人を推薦してくれませんか」と言ったら、某氏を推薦してくれました。優秀な人でした。

そこでこれでやれるなと思って、それでまず関西空港株式会社を設立する要綱というものを作りました。そして十一月で少し寒くなっていた時期ですが、総理官邸に直接持って行きました。そしたら中曽根総理は「少し寒くなったから、ストーブでもつけようか」と言って、自分でストーブつけて、それをじっと読んで、全部見てから「それで人と金は集まりますかね」と質問されたので、私は「人も金も集まりますよ。意外と日本は国策会社というのは、プレステージが高くて、お金も人も集まってくる。満鉄がいい例です」と言ったんです。

中曽根氏と田中角栄氏との共通意識

その時点の政界では、田中問題が一番沸騰していましてね、もう田中を辞めさせろっていうデモで溢れるような時で、ともかく、今にも政権が崩れるくらいの騒ぎでした。中曽根と田中の二人で会って、腹を割って話し合った方がいいと思ってるというようなことを言っていました[23]。

私も、後から分かったんですが、中曽根さんと田中さんというのは特別な関係なんです。というのは、二人はだいたい同じ年で、それで群馬県と新潟県から、それこそバック一切なしで徒手空拳で政界に入った人たちなんです。考えてみますと、政界っていうのは、防長族というのがあってね、防州と長州の出身者、要するに山口県出身、広島とそれに土佐がちょっとくっ付いたような、出身者たちのネットワークがあってね、明治から現在までそれが支配しているところがあります。そういう共通項があります。中曽根と田中の二人は学歴の面、お金の集まり方や出し方では、ずいぶん違いますし、中曽根さんは精神的には全然違うんだけども、さっき言った徒手空拳で東京へ来たっていう点では共通しています。防長族の力が強すぎるので「我々二人が組まないとできない」ということがあったんですね。

「島」案へ

ところで、要綱ですが、公団でいっぺん決めたものを引っくり返すことになるのですが、まとめて出しました。その要綱は『中曽根内閣史』に本文が資料で出ています[24]。中曽根総理は、案さえできれば後は我々方のやることだからと言って、官房長官の後藤田さんとよく相談して、これでいくようにするとのことでした。

一番の骨は、もしイージーに従来通りの公団にしてしまったら、後の民営化も困ってしまう。

これを株式会社にしておけば、株式会社でも何でもできるという意識が役人に浸透する。そうするとね、役人の中で民営化した場合、どういう可能性があるか、そういうことを研究する人が出るに決まっている。だからこれは最初に強引でもやっておけば、後の民営化が軌道に乗るということでした。

それで芦原さんも「それでいきましょう」と大賛成され、どこへ作るかということで、二つ、三つの案がありました。そして、「できるだけ小さくできないか」ということが検討された。そこで偉いなと思ったのですが、航空学の専門家の糸川英夫さんに会ったり、いろいろな方の意見を聞いていました[25]。これから全部ができて開業するまでに十年ぐらいは最低かかるから、その間に、飛行機が一キロ半も二キロも滑走路を走らなくても離陸できないかと考え、技術などのことをいろいろ聞いていました。そういった技術は三十年はかかるということになり、それでは間に合わないと分かり、やっぱり二キロほどの滑走路が必要だということになった。それで海岸を埋めればという議論が急浮上しました。場所を神戸にするという案も有力だったのですが、神戸は狭くて難しいということになりました。

また、従来の伊丹空港はやめるという話になっていたんです。あの頃、騒音問題で住民が皆反対していたため、世論は空港を追い出せということでした。そこで、伊丹の土地を売ると、当時のお金で一兆円近くになって、関西空港がほぼ賄うんじゃないかっていう、これは私の勝手な思ったりですが、そう思ったりしました。だからお金の方は、もちろん会社でやるけども、いざという時にはあれを売れば、足りない分を埋められる。ともかく一兆ぐらいのお金はできるんだから、それでやろうということになりました。

配当制限案の排除

それで結局、島の建築の案になりました。国会ではあまり強い反対はなかったんです。ただ最後になって、運輸省の航空飛行場長という担当が、次官会議の前の日に私のところに来て、その法案を見せましたが、一番最後に配当制限という項目があったため、それを見た私は、「配当制限などという条項があると暗くなってしまうから、それは困る」と言いました。大蔵省当局あたりが必要と強く言ったんでしょうが、私は、定率の配当制限などというものがあると、この次に民営化する他の会社もみな配当制限が付けられてしまうので、だめだと思いました。配当制限というのは、経営学にも経済学にもないことですからね。元々の株式会社の趣旨に反するし、配当はどんなにあってもいけないなんていうことはない。戦争中の昭和一八年頃に、労働者の賃金を統制するために、配当の方も抑えるっていう議論があったようです。私は、総理大臣宛に直訴するほかないと考えて官邸に持っていき、配当制限が入ってるから、これではせっかくの苦労が水の泡だと書いたんです。翌日、次官会議というのがあって、それで決定に決まるはずだったんですよね。これに対し、中曽根総理は、「明日の次官会議は中止だ」と言ったんですよ。それで役所は大騒ぎになりました。中曽根さんという人は、そういう時に思い切ったことをする人なんですね。運輸省の時もそういうことがありましたが、一度は、役人全部をぎゃふんとさせて、「これは違うぞ、俺の目は節穴じゃないぞ」と思わせることを政治家の面目としていました。

次官会議中止だって言われて、空前絶後のことで、翌日大騒ぎになりました。それで当時の大蔵省出身の小粥秘書官からすぐ電話がかかってきました。私は、電話で「配当についての条文が必要ならば、配当はフェア・アンド・リーズナブルが必要とかね、配当はフェア・アンド・リーズナブルという原則を持ち出せばいいのではないか」と返したんです。

そしたら中曽根総理から当局に芦原会長の意見を聞くようにとの指示があり、数字による制限はなくなりました。何パーセントを超えてはいけないとかね、そういうのはやっぱり民営に反するんじゃないかって言ったんだと思います。配当制限を加えるというのは、公的な助成を受けるものだから、それに乗っかって高率な配当は困るということなんでしょうけど、そうなると、次のプロセスの三公社の方の株式会社化も制限がかかってくるということになります。フェア・アンド・リーズナブルというのは、アメリカの場合、二十世紀から法制化され、経営史の教科書の中にもある考えなのです。結局政府には受け入れられませんでしたが[26]。

(3) 日本たばこ産業

三公社の最初はたばこ事業

次は、たばこの専売の廃止で、これも経営史の知見です。皆さん知っているように、アメリカのチャンドラーさんの本もそうですけど、ＳＩＣ産業分類で工業の最初の方にたばこが出てくるんです。

欧米型の世界からすると、たばこというのは大産業でね、儲かる産業です。私もＬＳＥ（ロンドン・スクール・オブ・エコノミクス）のレズリー・ハンナ（Leslie Hannah）先生から聞いたんですけど、たばこを国営化しているのは、ロシアと中国と日本で、ヨーロッパではフランスだけです。日本でたばこが国営化しているのは、要するに、大衆にたばこを吸わせて、利益をお上が召し取るというイメージがあり、その発想が、よくないと思いました。私は率直に、専売の廃止は国際的に必要と思い、「中曽根先生が、たばこの専売をやめて自由化すれば、経済効果ばかりじゃなくて政治的効果もある。サミットでレーガン大統領やサッチャー首相も評価されることでしょう」と言いました。それは相当中曽根総理が気に入ったらしくて、じゃあこれでいこうということになったのです。三公社の民営化の工程管理の最初は、たばこでと決まったのです。その前にいろんな議論をしていましたけど、それこそ官邸周辺の会議で一発で決まったのです。

たばこ民営化への反対

やはり反対者がいました。反対者は二つあって、一つは、全国にある多くのたばこ屋さんです。たばこ屋の人たちの生活に影響があるのではないかというのが一つでした。もう一つは、代議士で、たばこの利害に乗っかってる人が何人かいました。そのうちの一人は九州の人で、中曽根派でした。たばこ生産者農家に対して、たばこは従来どおりと陳情に答えていたわけですから。

これに対して、たばこを売る店については、別に販売を取りやめるわけではないから、民営化した場合も、その新しい会社が従来のたばこ屋にセブンスターなどよく売れている商品を何よりも優先して配ってもいいでしょうから、ということで決まっていきました。生産地の代議士については、中曽根総理に聞いたところ、すぐ本人が納得したというようなことでした。

当初、役人の抵抗はかなりあった。たばこをそういうふうに民営化するためには、法律の数を何十も改正しなければならないから、そんなことは難しいと、農林省も通産もそれはできないと言っていたようです。中曽根総理は、「いや、そんなの百何十あろうと何だろうと、やる気になればできる。そんなことを役人が言ってはだめだ」というようなことを言って説得したそうです。たばこの専売を管理する大蔵省の担当局長がいて、案外協力するふうになってきて話が進んだということのようです。

それで大蔵省が主導で、今のたばこ産業の会社の設立案が登場し、専売公社をそっくり変えれば足りることになり、組合の反対もそんな大したことにはならなかったようです。従業員にしても、日本たばこがそっくり引き継ぐということになったわけですから。

それで中曽根総理は、「日本たばこ産業株式会社じゃ、まるで衣装の付け替えで、そっくり同じで変わってないんじゃないか」と不満気なこともありました。しかし、今からみるとうまくいった。あの時やっておいてよかったと思いますね。

日本たばこは国際化に戦略的転換をして、軌道に乗りました。あのまま国の専売を引きずっていたら大変なことでしょう。いろいろな軋轢が起こっていたかもしれませんね。私は、たばこは大成功に近いんじゃないかと思います。国も損しなかったし、たばこ会社自体も業績が良いですからね[27]。

(4) 通信自由化

それから、電電公社ですね。たばこ、電電、国鉄、こういう順番から進んで、国鉄は最後にしました。電電には、私はほとんど関係しませんでした。しかし電電は成功でした。NTTの株を売り出したところ、うんと高く値がつきましたからね[28]。

(5) 国鉄の民営化

民営反対の動き

国鉄は最後になりました。その頃、何よりも、政府全体がやっぱり国鉄は今回こそ民営化しなくてはいけないというような危機感と機運が生まれていました。国鉄のそれこそ累積債務があまりにも極端になるから、伊東先生でなくても企業分割と民営化は不可避のムードが生じたということがありました。

それから、国鉄の中が合理化されてないし、国鉄の中の組合もいくつもあったわけです。そのうちに分割派というものが出てきてね、それが主流派の中でも認める人が出てきてね、分割やむなしというようなのが出てきたんです。ただし民営化はできないということでした。国鉄公社みたいなものを作って、四つか五つに分けるのはいいんじゃないかという考え方です。

民営化せずに、従来の公社公団方式だけども、分割は賛成なんていう人たちが主流の反対派の中に出てました。もちろん、全然政府の方では受け止められませんでした。やっぱり民営化、分割だということで、それで民営賛成で反主流の松田昌士さん（後のＪＲ東日本社長）のご自宅には、本当に脅迫じみたことがずいぶんあったみたいでした。松田さんの奥様は、間もなく亡くなられて、中曽根さんは飛んで行ってお線香を上げられたとのことで、奥様がずいぶん心労だったんじゃないかと言っていました。それで松田さんとか、四、五人、国鉄の民営化に苦労した人たちと、一年にいっぺんだか、追悼の会をやることにしているとのことでした。

分割と民営

分割と民営については、比較的前から分割はする、そのやり方は千差万別だけどもというようなことがあって、しかし中曽根総理は分割をあんまり前に強調はしなかったです。強調すると、別な何かトラブルが起こるんじゃないかということでした。いざ分割が決定するとなると、ＪＲ各社の役員人事がからんで今の案になるまでちょっと揉めたようです。ＪＲ東日本と新幹線間の線引きをどうするかなどです。それは我々みたいなレベルの議論ではなくて、生々しい話がずいぶんあったみたいです。東と西の社長同士の関係がよくないと聞きました。それだから、かえって足並みが乱れたり、コンピュータ・システムの導入時も、情報システムが東西で違っていたり、それはかなり問題だったらしいです。

民営化への流れ

やっぱり主流派というのは歴史と伝統があると強くなってしまうんですね。国鉄の主流派は分割して民営化しないと考える人たちでした。それが結果的には分割して、民営化したわけですが、それはどういう流れからそっちに変わっていったかというと、要するにね、運輸省が途中からすっかり分割民営派になっちゃったのです。途中までは国鉄派だったけど、だんだん軟化していって、それでもうこれは時の流れだというふうになっていきました。それから、それこそ雪崩が起きるほど急激に運輸省は民営化推進論になっていきました。民営化にすると、社長のポストがたくさんできることに、遅まきながら気が付いたんじゃないでしょうか。

もう急激に運輸省は、省内はね、国鉄派なんかあっという間にいなくなっちゃって、ほとんどが民営賛成派になっていきました。だからある瞬間から、松田さんも、それこそ地獄から天国みたいに変わったと思います。歴史の瞬間というのは、本当に一挙に雪崩が起きます。関ヶ原の合戦みたいに、こっちが勝つと思ったら、バタバタですね。もう、それは凄まじいぐらいのスピードでみんな「私も民営派だ」というようなことになりました。

田中派の見方と抵抗勢力

その時の大蔵大臣は田中派の竹下（登）氏だったのですが、中曽根総理に「田中さんは国鉄改革をどう見てますかね」と聞いたところ、「彼はお手並み拝見と見てるよ」ということでした。インフラストラクチャーも国鉄にぶら下がってる会社や人とかもたくさんあるんですね。何とか厚生会、何とか共済会などいろいろあって、それが全部国鉄にくっ付いてるような恰好で。だからその人たちもだいぶ混乱があったらしいですけどね。だから本当に動かざる山が崩れたようになっていたみたいですからね。だから外部の人は分からなかったわけです。そんな人にとって江戸城の崩壊みたいなことはないと思っていたんです。

私は国鉄について、最初から多少聞かされていましたが、細かいことはほとんど知らなかったのです。問題の一つにはコンピュータ・システムがありましたしね。それからもう一つは、関連企業と国鉄一家と称されているものがかなり大きかったですね。ほんの一部は、その後、ずいぶん揉めたんですね。労働組合も一つは反対していたようです。だから労使関係は時間がかかりました。本当に人が死ぬのに近いような騒ぎもあって、問題は大きかったと聞いていました[29]。

(6) 間接税の次内閣への継承

大筋は今のようなもので、国鉄の改革があって、その次に私の関係したのは、売上税・消費税でした。これは最後に関わりました。それまでも税制はどうする、どうする、とずいぶん言われましたけれど、中曽根総理は、税は最後に持っていくということで、容易に日程にのせませんでした。それから教育だというんで、税制と教育は国鉄改革が終わってからということになりました。

間接税の時は、石先生と共に原案から研究しました。それについては『中曽根内閣史』の税制改革というところにある程度書いています。結局、うまくいかなかったですけどね[30]。

中曽根総理は、間接税は自分の責任だけれども、与党の政治家の責任でもあると言っていました。自分が辞めた後、次の総裁を誰にするかという問題で、最後に中曽根さんが、自民党から一任されて、それで竹下、宮沢、安部の三人をゴルフ場に呼んで、それで私の言うことに絶対従う気があったらと三人から言質を取ったようです。その時の条件は税制改革の実行で、それで、竹下さんに決めたようです[31]。

名前は売上税とか、消費税などいろいろありましたけれど、税制は間接税の導入でした。だからその点では、中曽根さんにしてみれば、全部やり切ったというような感じがあったでしょうね。

(7) 残された教育改革

一番やれなかったのは教育改革でした。文部省の改革は全然できませんでした。教育について、私は一度も相談されたことはないんです。ただ中曽根さんは、最初から自分の政治家としてのプランの一つとして、「日教組体制で、子供たちが勉強に意欲をなくしている」という認識でした。日教組が、あまりにも代々木的な傾向がひどかったですからね、あれをぜひやめさせるということでした。

それは全然手付かずだったですよ。国鉄の後、やると言ったけど、チャンスがなかったです。それについて論じたことは一度もなかったです。次だ、次だ、と言ってね。あるいは私にではなく、佐藤誠三郎さんらに言ったかもしれません[32]。

ただし、中曽根さんは教育にも関心はあって、外国人とよく会っていました。ジェラルド・カーティスさんらです[33]。エズラ・ヴォーゲルさんは、僕が若い時紹介して、たしか中曽根内閣時代にヴォーゲルさんと会ったと思います[34]。それから、中曽根さんが懇意にしていた優秀な外国人のカーティスさんから意見をちょっと聞いていたみたいです。どうしたらいいですかということで、勉強はしていましたけど、システマティックにやったことはなかったです。

(8)「たくましい文化」の尊重

施政方針演説

文化は一番最初から、非常に大事だと言っていました。「日本は、だんだん経済では昔みたいな高度成長がなくなって、その代わり文化の方は、日本はどんどん上がって、文化国家になっていくんだ」という。中曽根さんが施政方針演説では、「たくましい文化」という言葉を言ってたんです。もっとも大きな改革についてほとんど手つかずじまいでした。

伝統的な文化はもちろん大いに盛んにしなくちゃいけないと、文化はずいぶん論じたことがありました。アイディアはもちろん中曽根さん本人の方が豊富でしたからね。俳句なんか好きでしたね。具体的には大してなかったですけれども。

中曽根さんと歌舞伎

中曽根内閣の五年間に歌舞伎座に行ったのは八回のようですが、私はそのうち五回お付き合いしました。しかし、さほどご興味があったわけではなかったようです。でも「助六」なんかずいぶん長いけれども丁寧に観ておられました。鯉三郎の通人をほめたり、気の利いたことも言っていました。演目にもよると思います。お辞めになる少し前に「忠臣蔵」を国立劇場で観たら、すごく面白かったっておっしゃっていました。だからやはり歌舞伎は、面白くていいものを観なくてはいけませんね。だから僕の中曽根さんへの歌舞伎コーチはあまり成功ではありませんでした。でも、外国人の経営史研究者には興味を持って観てもらいました。ジェフリー・ジョーンズさん、ハワード・ゴスペルさん、チャンドラーさんたちにですね。

この前、團十郎さんたちがパリに持っていった「勧進帳」と「紅葉狩」の公演が劇的で、華やかで、大成功でしたね。市川團十郎（十二代目）は、帰国後、間もなく他界しましたが、團十郎家はもっとも由緒のある家柄ですから、中曽根内閣の初めには中曽根さんが後援会長を引き受けたこともありました。総理の歌舞伎支援の態度は成果を上げたと思います。

（二〇一九年六月収録）

1 安藤良雄（一九一七–一九八五）、一九五六年、東京大学教授に就任。
2 重巡洋艦「青葉」は第二次世界大戦を通じて活躍し、ガダルカナル島の戦い、レイテ沖海戦等に参加し、かなりの損傷を受けるも奇跡的に帰還し、その後も激戦をくぐり抜けて国内に帰還した。
3 一九六七～一九七一年に拓殖大学総長に在任。
4 岩波全書 第二二一巻として刊行された。
5 一九六一年創業。詳しくはヨシモトポール株式会社『美しいくにづくりの半世紀』ヨシモトポール、二〇一一年、二一–二八頁。
6 第三次佐藤内閣は一九七〇年一月一四日から一九七一年七月五日まで。
7 林周二（一九二六–二〇二一）、経営学者。東京大学教養学部教授。坂本二郎（一九二八–一九八五）、経済学者、未来学者。一橋大学教授。NHK解説委員。
8 森川英正（一九三〇–）、経営史学者。法政大学、横浜国立大学等の教授を歴任。
9 高坂正堯（一九三四–一九九六）、国際政治学者。京都大学法学部教授。
10 富永健一（一九三一–二〇一九）、社会学者。東京大学文学部教授。文中の同氏の論文は「高度産業社会と急進主義の発生」『中央公論』第八五巻第二号、一九七〇年。
11 芦原義重（一九〇一–二〇〇三）、一九五九～一九七〇年に社長在任。

12 加藤寛（一九二六-二〇一三）、慶應義塾大学教授、政府税制調査会会長（一九九〇-二〇〇〇）。
13 藤野正三郎（一九二七-二〇一二）。
14 石弘光（一九三七-二〇一八）。
15 脇村義太郎（一九〇〇-一九九七）、経営史学者。東京大学教授。
16 半官半民の特殊会社、資本金二億円のうち、一億円は日本政府によって鉄道、炭坑などの現物で出資された。
17 第一〇四回国会（一九八五年一二月二四日～一九八六年五月二二日）で「東京湾横断道路の建設に関する特別措置法」として成立（「主な政策に関する資料」世界平和研究所編、一九九五年、六〇八頁）。
18 由井常彦「東京ベイブリッジ株式会社（仮称）の構想」（一九八五年一一月二六日）（世界平和研究所編、一九九七年、一九四-一九五頁）。
19 鈴木善幸内閣の在任は一九八〇年七月一七日から一九八二年一一月二七日までの間。
20 中曽根康弘「主な演説等」（一九八二年一二月三日）（世界平和研究所編、一九九五年、七一-七六頁）。
21 田中一昭「三公社の民営化」（世界平和研究所編、一九九五年、四一三-四四七頁）も参照されたい。
22 佐藤章『関西国際空港―生者のためのピラミッド』中公新書、一九九四年、四二-一四七頁にこの場面に関する記述がある。
23 「田中元首相との会談について」（一九八三年一〇月二八日）（世界平和研究所編、一九九七年、三〇頁）。なお、「首相の一八〇六日」の一九八三年一〇月二八日に「一五時～一六時二九分　田中元首相と会談」の記載がある（世界平和研究所編、一九九六年、二九〇頁）。

24　由井常彦「株式会社を事業主体とする関西国際空港の設立試案」（一九八三年一一月二日）（世界平和研究所編、一九九七年、一五四頁）。なお、「首相の一八〇六日」の一九八三年一一月四日に「一五時四五分～一六時九分　由井明大教授」の記載がある（世界平和研究所編、一九九六年、二九七頁）。

25　糸川英夫（一九一二―一九九九）。

26　第一〇一回国会（一九八三年一二月二六日～一九八四年八月八日）で「関西空港株式会社法」として成立（「主な政策に関する資料」世界平和研究所編、一九九五年、六〇四頁）。

27　第一〇一回国会で「日本たばこ産業株式会社法」として成立（「主な政策に関する資料」世界平和研究所編、一九九五年、六〇三頁）。

28　第一〇二回国会（一九八四年一二月一日～一九八五年六月二五日）で「日本電信電話株式会社法」として成立（「主な政策に関する資料」世界平和研究所編、一九九五年、六〇五頁）。

29　第一〇七回国会（一九八六年九月一一日～一九八六年一二月二〇日）で「日本国有鉄道改革法　他計八件」として成立（「主な政策に関する資料」世界平和研究所編、一九九五年、六一〇頁）。

30　由井常彦「税制改革」（世界平和研究所編、一九九五年、五〇一―五三三頁）、由井常彦「公正、簡素かつ民間活力促進のための税制改革要項（メモ）」（一九八五年七月四日）（世界平和研究所編、一九九七年、一七四―一七六頁）。なお、「首相の一八〇六日」の一九八五年七月五日に「一八時四〇分　東京・紀尾井町の料亭『ふくでん』着。由井常彦明大教授と会見」との記載が残されている。（世界平和研究所編、一九九六年、七五一頁）。

31　中曽根康弘「後継総裁指名について」（一九八七年一〇月一九日）（世界平和研究所編、一九九七年、一〇〇-一〇一頁)。

32 佐藤誠三郎(一九三二-一九九九)、政治学者、東京大学教養学部教授。

33 ジェラルド・カーティス[Gerald L. Curtis](一九四〇-)、政治学者。コロンビア大学教授。

34 エズラ・ボーゲル(一九三〇-二〇二〇)、社会学者。ハーバード大学教授。

中曽根内閣関連参考文献

世界平和研究所編『中曽根内閣史—理念と政策』世界平和研究所、一九九五年

世界平和研究所編『中曽根内閣史—資料編』世界平和研究所、一九九五年

世界平和研究所編『中曽根内閣史—首相の一八〇六日(上)』世界平和研究所、一九九六年

世界平和研究所編『中曽根内閣史—資料編(続)』世界平和研究所、一九九七年

四　中小企業政策史の研究など

聴き手　阿部武司・上田和夫・高津　隆

中小企業政策史の研究㈠

●阿部　由井先生は、恩師であられる東京大学経済学部教授・土屋喬雄先生のご指導の下で研究を始められ、特に経営史の分野で重要なお仕事を重ねられて南山大学の学長をされていたヨハネス・ヒルシュマイヤー先生と今でも世界中で読まれている英語のご本『日本の経営発展』1を出されておられます。

先生の研究の出発点は、通商産業省（通産省。現・経済産業省）のプロジェクト『商工政策史』中の第一二巻・中小企業のご担当でしたね。

●由井　はい。学生の最初の頃は、ずっと中小企業政策史というのをやっていたんですよ。通産省の商工政策史編纂室の編纂員というのにしてもらって、月給四千円だかをもらって、一週間に二遍行って。ともかく四千円をもらったことを覚えています。当時は助手の手当が二万円ぐらいだったので、講師の手当だというので一定の報酬をもらってましてね。

中小企業の仕事は本当に一生懸命、一時は寝食も忘れるくらいやって、原稿を二千枚以上書きました。『商工政策史　第一二巻　中小企業』です。たしか原稿を積み上げたら、用紙が古かったせいもあって、三十センチくらいになりました。五、六年頑張りました。

最初は土屋先生のところでやっていましたが、土屋先生がリタイアして、山口和雄先生に代わって、山口先生から発表するようにと言われ、発表する時に原稿を積み上げたらこんなにあって、山口先生に「それはそれでもちろん『商工政策史』にはなるけれども、自分の本も要約して出版できるようにして提出しなさい」と言われ、にわかにコンデンスして本にした。

●阿部　それが由井先生の学位論文になったのですね。当時は、今と違いまして博士号を持っている方はめったにいませんでした。そうした中でも本当に素晴らしいお仕事をされたと思います。

●由井　その山口先生が「新制学位が始まったから、君のこれを出さないか」と言われました。とても恵まれました。だから、その頃は朝から晩まで中小企業のことをやっていた。今でも懐かしいですね。大昔にやったことは、そんなに忘れないから。

安田善次郎の研究

●上田　先生は最近までご本を書かれていますよね。私は二〇一〇年に武田（晴人）先生とお仕事をしたんですが、その時はちょうど『安田善次郎―果報は練って待て』（ミネルヴァ書房、二〇一〇年）を出版されたばかりで、武田先生は驚かれていました。「この年になって、こんな本を出すなんて、もう怪物だよね」とおっしゃっていましたね。

阿部　安田善次郎の研究は意外に少ないのですよね。由井先生の伝記は後世に残るお仕事と思います。

上田　あの武田先生が本当に驚かれていたのを覚えています。もう最近まで本を書いて、ずっと執筆されていたわけですよね。そのことについて、すごく驚かれていました。

由井　そうですか、それは光栄です。安田善次郎については、日経の財閥史シリーズの中で安田財閥の本を書けと言われて一度書いたことがあって、その時に安田家に出入りしたんですよ。そして書き上げたら、当時の当主（三代目）の安田一さんがそれを読んで「とてもよく書けている」と。それから「自分のおやじをものすごくくさしていない」と。「自分の祖父は、とても嫌われたし、殺されたから、ものすごく悪い人間みたいに思っている人は多いけれども、君の本を読んだらきちんと書けていた。だから君は信用できる」と言われて、自分の家にある資料をみんな見せるとおっしゃってね。

それで安田家に伺ったら、膨大な資料が蔵の中にあって、それをみんな出してきて自由に使っていいとおっしゃった。しかも、安田一さんは安田生命（保険相互会社）の会長でしたが、全部会社で無料でコピーをしてくださって、これで十分に研究してくださいと。それで私はすごい恩を感じました。その日記が膨大にあったから、それで思い切って伝記を書こうと思って、五、六年ぐらいかかな、結構かかりました。

そして安田一さんの手元に持っていくつもりだったのが、もう亡くなってしまって間に合わなかったんですが。やはり時間はかかりますよね。資料を読んで、二、三年ではできない。みんな五から十年仕事ですもんね。

●阿部　由井先生のご研究のおかげで安田善次郎のイメージはまったく変わったのではないでしょうか。前は、とにかくけちで非常に悪い人みたいに言われていたんですが、その大半が的外れだということが立証されたわけでして、立派な方だったことが私も先生のお仕事を拝読してよく分かりました。

●由井　楽しかったです。安田善次郎さんはすごく優秀な人で、毎日、夜に必ず日記をつけていたんですよ。田舎から出てきて。

企業史料の意義

●阿部　由井先生には、このコロナ禍の物騒な状況の中、わざわざお出ましいただきましてありがとうございます。すでにお話し申し上げたかと思いますが、企業史料協議会は来年（二〇二一年）四十周年記念を迎えますが、それとも関わりまして、特に創立当時のことをご存じの方々のお話を可能な限り伺っておこうと考えております。由井先生には、日本経営史研究所のお仕事が主で、企業史料協議会は従に過ぎないとは存じますが、関連事業ということでいろいろとお世話になっております。今日は企業史料協議会についてお話しいただけることがあればぜひ伺いたく思いますが、それとともに、先生のこれまで積み上げてこられた膨大なお仕事の中で、企業史料というものに、そもそもどのように接してこられたのか、あるいはどういう重要性があるのかというようなことにつきましても伺えましたら幸いです。どうぞよろしくお願いいたします。

●由井　企業史料は、今は世界的に見てもすごく重要視されるようになって、どこに行っても企業史料についての関心が高くなっている。私の経験では、日本は少し遅れているような感じがしています。というのは、欧米では archivist とかアルキバール（Archivar）という言葉がありまず。皆さんの専門の library とか librarian とか、library についての専門的な職業化もすごくよく進んだし、また世間的にも librarian とか library については、その専門的職業がよく認知されてきましたが、アルキバールとか archivist という言葉は、言葉はあっても日本ではそれほど定着していないような感じがある。外国と比較すると、図書館と比べても、アーカイブスやアルキビストの方は少し認知度が低いのではないかという気持ちを、私は前から持っていました。もっとも近年では阿部先生はじめ皆さんの活動でも非常に認知度が高まったようで結構なことです。

その話はたしか一度したこともあります。イギリスのこの方面の権威でおられたバーカー（Theodore C. Barker）先生が二十数年ぐらい前かな、日本に来られて、イギリスの archivist の話をされた。

イギリスでは、ずっと長い歴史と伝統があって、archivist という言葉も、ドイツ語のアルキバールもよく知られている。イギリスの場合には、本来的には archivist は文字通り史料研究者であって、きちんとした職業である。ただ、イギリスではラテン語が読める。日本で言うと古文書ですね。日本で言う江戸時代以前の書類が読めるという前提があって、それが一つの大きな関門になっていた。しかしバーカー先生は、最近はそうではなくて、企業史料の研究がすごく進んできて、その場合にはラテン語は不可欠ではないのではないかと思っていた。

今から五十年ぐらい前ですね。business archivist という言葉を作って、「企業史料」という言葉をはっきりと作って史料と企業史料を区別して、business archivist はラテン語が読めなくても構わない、日本で言うと江戸時代の古文書が読めなくても構わないということになった。それで区別したのだということをすごく強調された。それは面白い話だから、ぜひ日本で話してくださいと。それで企業史料協議会でお呼びしたかたちにして、バーカー先生がおいでになり、その話をされました。イギリスの歴史を話して、日本は企業史料協議会ができて大変結構なことだという話をされ、イギリスとまったく同じで、イギリスでは archivist はもうきちんと職業になっているとのことでした。

僕がそれを痛切に感じたのは、イギリスの学会に顔を出すと、学会に何百人もの人が集まるでしょう。その人たちの大部分は大学の先生ではなくて archivist なんですね。イギリスでは大学の professor は非常に少なくて、ロンドン大学みたいに大きくても、せいぜい二十～三十人ぐらいしかいないから、大学の先生の数が日本とは桁が違う。日本で学会というと、例えば経営史学会だけで八百人近くいて、ほとんどが大学の先生ですね。ところがイギリスであいうものを作ると、日本とは逆で、ほとんどが archivist の方で、大学の教授はちらほらなのだという話をされた。

日本もイギリスと学会に人が集まることは似ているけれども、イギリスの場合は professor というもの自身がものすごく少なくて、権威は非常にあるけれども、ごく少数しかいないから、むしろ archivist の方が業界の中心になって、だいぶ活躍している。そして archivist の中でも博士を持っている人が結構多い。だから Dr. の人はそんなに少ないわけではない。たしかに名刺をもらうと Dr. と書いてあります。だから日本とイギリスで違うのは、大学の professor は少ないけれども、archivist の方はかなり大勢いて、この方面の研究の担い手で、博士も結構多くて、地位も権威もあるということでした。

企業アーキビストの育成

●由井　それを私は非常に印象深く聞いていて、日本は日本なりのかたちでいくしかないから、陰ながら企業史料協議会の発展をお祈りし、企業史料協議会も、ぜひ発展してほしいと思い続けました。

企業史料協議会では社史の編纂に関係している人がかなり大勢いましたから、その中で皆さんも知っているようないろんな方が、ずいぶん専門家としても活躍しておられたしね。三井銀行の大谷（明史）さんみたいに、若い時から最初から調査課に入って、自分は一生、banker というよりも銀行の研究者になりたいというきちんとした意思を持っている人もいたし、そういう人は決して少なくなかったんですよね。

僕の記憶では鉄鋼に結構いました。日本鉄鋼連盟には最初から鉄鋼の研究者がいた。僕の一級下の藤沢清作君という人も東大の大学院を出て富士製鐵（現・日本製鉄）に入ったのですが、入った時から鉄鋼業の調査をもっぱらやりたいということで、土屋先生がたしか話し、会社側もそういう人を養成したいということでいた。僕らの時はそういう雰囲気があったんです。大学院を出たら、業界の方で調査マンとして採りたいという話もあってね。

皆さんは驚くでしょうけれども、僕と同期の大河内（暁男）君は東大を出た時、彼はもちろん大学院に行くつもりでいましたが、日経連（日本経営者団体連盟）が大河内君を研究員として採りたいと言ってきたんです。大河内君が「日経連が僕を採用したいそうだよ」とすごく笑って言ったことを覚えています。

それから経団連（日本経済団体連合会）の花村（仁八郎）さんはそういう感覚を持っていて、東大大学院の修士を出た人は各業界で一人ずつ採って、独自の調査マンというか研究員を育ててもいいのではないかみたいなことを言っていましたよ。我々の頃は、まだそういう雰囲気があったんです。ちらっとですけどね。

日本は外国とは違って業界団体があると、業界史を研究しました。外国でも association はたくさんあるけれども、日本と外国との association がまるで違うのは、日本の大会社の association の場合は調査部というものがあった。有名なのは日本鉄鋼連盟とか大日本紡績連合会などがありますね。それから電気事業連合会とか。大きな業界団体には調査部みたいなのがあって、そこで専門の研究員を育てるような伝統がまだあったんですね。だから、我々の中にそれを目指す人もいて、その代表になったのは先程紹介した藤沢君でした。研究者の中にもそういうところに行きたいし、養成してくれないかというような雰囲気があったんですね。

それから土屋先生も金融で一人育てようとしていました。日銀の中に研究室をつくって、そこで一人養成してもいいのではないかといって伊牟田《いむた》（敏充《よしみつ》）君をずいぶん口説いていました。伊牟田君は真面目な人で、よく勉強ができたからね。それで土屋先生は伊牟田君とかを日銀の中の金融研究室へ採りたいということがあった。学界にもそういう動きがあったし。

会社史と産業史

●由井　日本の場合、外国と違うのは、どうしても社史中心だったことですね。外国は必ずしも社史中心ではないけれども、日本の場合は会社史を作る時に、その産業の歴史をまとめるという雰囲気が起こって、特にビッグビジネスのリーダー会社の場合には、社史を作る時には産業史を作るという気がなければいけないとなった。

これは服部之總先生が大きな役割を果たしたと思います。我々の先生方の昭和初期の段階で服部之總という優秀な学者がいまして、この人は花王の社史を書いたんですね。その時に同時に石鹸の業界史を書いており、服部先生の石鹸業史は非常に高く評価された。僕も偉いと思いましたよ。服部さんは自分で石鹸をつくってみるくらい凝って、花王の社史とともに石鹸業史を書いた。それが一つの在り方ではないかと。

それから、もう触れる必要もないのでしょうけれども、『糸ひとすじ』（大同毛織株式会社資料室編、大同毛織刊行、一九六〇年）という本があって、これもご一家の女性の方が献身的に書かれた。毛織物の社史でしたけれども、それにとどまらないで、毛織物業史を書くと言って、きちんと書いたんですよね。それは土屋先生がとても褒めていました。土屋先生は、それはいいことだということで。

それから、与志本という私のうちの材木屋がちょうど五十年で、土屋先生が私の父親たちに「もう与志本は大きい会社だから、ぜひ社史を作れ」と勧めたんですよ。私の父親たちは「いや、うちの材木屋なんか中小企業だから」と言うと、「いや、そんなことはない。『糸ひとすじ』の例があるんだ。そんなに大きくなくたって」と。当時の与志本は、従業員二百数十人でしたよ。一応、枕木百万本なんていうのを目標にやっていましたが、とにかく社史を作れと。それで私の父の会社も『與志本五十年のあゆみ』という小さい本を作って、土屋先生が序文を書かれました。

そんな雰囲気があって、同時に企業の中でも史料を大事にしよう、産業史の研究者も育てようという雰囲気もありました。そういうのが、我々の大昔の頃の状態だったと思います。それが六十年前の私どもが院生の頃ですね。

それで各会社も社史を書くようになりだしたし、それから産業史をまとめたような雰囲気もあって、それと同時に、それが大きなきっかけで企業史料を大事にしようという動きがあったんですね。企業史料の動きと、そういう社史とが結び付いていたんです。土屋先生は、それも結構なことだと言って。独立した会社が自社の社史だけで立派にやるという意識は大紡績などにはあったけれども、日本の会社はそんなに大きくなかったから、個々の産業のリーダー会社が自社の会社史とともに産業史を書くというような雰囲気がありました。土屋先生は、それをすごく助長するというか、日本の在り方としてそれでいいのではないかと言っていました。

日本皮革の社史

●由井　それで私が記憶していることがあります。世間では忘れられているけれども、日本皮革（現・ニッピ）という大倉系の大会社がありました。日本で初めての革の会社だし、大倉系のいい会社なので五十年史を作ることになって、土屋先生が委嘱されて社史を作る時、それと合わせて「日本皮革の社史だけれども、同時に日本の皮革業史である。決して日本皮革という一つの会社の歴史ではなく、皮革業全体の歴史にしなくてはならない。社長もそれを希望している」と、とても強調されました。大倉喜六郎という方が社長で、喜八郎さんの孫の方ですが、千住の大きな億ションにおられました。

それで、私はまだ大学院に入ったばかりの院生でしたが、私とほかに東京女子大学におられた宇野脩平先生が参加した。今は忘れられているけれども立派な歴史家であられた。秀才で一高から東大に行ったんです。でも、左翼運動をして東大を退学させられた人で、その後、東洋大学を出て、東京女子大学の先生をしていました。土屋先生の弟子で山口和雄先生がかわいがっていましたよ。渋沢敬三先生もかわいがった人。

宇野先生は東京女子大学の先生になる前、兵隊から帰ってきて大変困っておられた。土屋先生は宇野先生と僕を呼んで、今のような方針で、日本皮革の社史だけれども、皮革業全体の歴史は由井君が書いて、日本皮革の歴史は宇野脩平先生、要するに産業の部分と会社の部分を分けて、それぞれ分業で書きなさい、それをまとめて本にしましょうと言われた。それは非常によく覚えています。

それで宇野先生と私は、土屋先生と一緒に千住にあった日本皮革の本社に一週間に一回必ず行って、日本皮革の会社の中で二年ぐらいかかったかな。『日本皮革五十年史』（日本皮革株式会社編、日本皮革、一九五七年）は僕の最初の社史ですし、当時、社史の刊行は珍しかったんですよ。

そして、その本ができたんですが、僕らはすごく痛切な経験をしたんです。大倉喜八郎は男爵でしょう。その男爵を喜七郎さんが襲爵したんですね。ともかく、ものすごく気位が高くて、自分は男爵だというわけですよね。だからって土屋先生にもろくに会わないんですよ。もちろん僕ら執筆者なんか会えなかった。

当時、男爵は少なかったんだね。産業人といったら、三井・三菱を別にすれば男爵は二、三人しかいなかったでしょう。独立した産業人で男爵をもらった人は、渋沢さんは別格だから別にすると二、三人しかいなかったんですよ。だから大倉さんはものすごく気位が高くて、僕らは会えなかった。まだ終戦直後だったから、男爵家の力があったんですね。

花王石鹸の社史と服部之總氏

●由井　そんなことがあって、特にリーダー会社は必ずその産業史を作るべきだという方針を土屋先生が打ち出された。世の中も何となくそういうものではないかというような、リーダー会社がその産業史をやる責任があるというかね。最初からそういうことがあったので、花王だけではないんだけれども、花王自身二代目のジュニアさんはその責任感みたいなものがあった。花王の社史は学会の人に頼んで、花王だけでなくて日本の石鹸業史をまとめなくてはいけないという責任感でしたね。

それで花王の社史、あれだけ立派なものを作るのに服部之總さんを頼んできた。あの時、服部さんは失業していた。昭和初年の左翼運動で放り出されてしまって就職できなかった。それを二代目さんが「うちの石鹸の仕事をやらないか」と頼んで、本人もそのつもりで来てた。会社の中で寝泊まりしながら石鹸の勉強をして、自分でも作って、それであの本をしっかり作ったんです。僕も服部さんの本を見たけれども、あの仕事が一番いいのではないかな。ご自分が情熱を傾けただけある[2]。

服部さんはジャーナリストとしても活躍したけど、やった仕事では、むしろ花王の仕事が一番入念だった。それは片手間ではなくて、ものすごく熱心にやって、とにかく泊まり込みで書いて、どうしても自分で石鹸をつくってみなくては社史は書けないと言っておられた。服部さんとしても、それだけ情熱を込めたからよかったのですかね。服部先生と土屋先生は講座派と労農派で対立して仲が悪かったから、付き合いはなかったですけどね。僕はそんなことで、なかなか服部先生も立派な学者で、それだけ凝ったんだなと思いました。

土屋喬雄先生と通商産業省

●由井　そういったことがあって、リーダー会社が産業史をやらざるを得ないというような雰囲気がありました。リーダー会社は自分の会社ばかりではなくて、当該産業の資料を集める義務があるのではないかという雰囲気があった。それを積極的に理論付けしたのが土屋先生です。

土屋先生は、すごく理論付けして、その責任があるという言い方をした。土屋先生と会社に行くと、必ず先生はその話を持ち出して、「おたくさまはリーダー会社だから、いわば企業の位牌《いはい》を作るようなもので」と位牌論を出しましたよ。僕は位牌論というのは、昔、無理な説明だなと思ったけど、土屋先生はどこに行っても「どこのうちにもきちんと位牌があるでしょう。特に本家本元はきちんとした位牌があるでしょう。会社もやはり位牌を作る責任があるんですよ」と言われました。それは、僕ら門下生には、あまり評判が良くなかったです。だけど、土屋先生は大真面目に位牌論を持ち出して、産業の史料もまとめなくてはならないと力説された。僕ら学生は滑稽だとさえ思ったけれど、今から思うと、土屋先生のPRの仕方は正しかったと思いますね。ずいぶん多くの会社が、その影響を受けたんです。

通産省でさえそうでした。あなたのところは通産省なんだから、商工業の中心官庁なのだから、商工政策史をきちんと出すべきだと主張された。その時、戦後の昭和二二〜二四（一九四七〜四九）年の頃で、僕はまだ学生で仕事にタッチしていませんが、通産省に行っても、その話をしょっちゅうして、『通商産業省年報』というのを昭和二四年から作らせた。今や、あれは通産省にとって戦後のたいした史料集です。

通産省は全然やる気がなく、土屋先生は招かれざる客で、土屋先生は偉い人から手を回して行くんだけれども、局長クラスになると皆やる気がない。そんなどころじゃないというわけですよ。歴史なんかやっているどころの騒ぎではなくて、当面の業務が忙しく、全員てんてこ舞いなので、歴史の予算なんて大蔵省に言えないというわけです。一言で言うと「歴史とか史料とかは、大蔵省はそんなの相手にしませんよ」と言われていました。

だけど土屋先生はしつこく、「大蔵省へ行って、ぜひ予算を取って、お金を出してもらえ」、「史料は大事だから、通産省の史料を残すことに少しでも」と。まだ覚えていますが、土屋先生があんまり言うので、まもなく歴代の官房調査課長が大蔵省に行って言ったんです。

両角（良彦）さんが調査課長になる前に小島慶三さんという一橋を出られた立派な人がいました。すごく優秀な方で。小島慶三さんは十二年前に亡くなって本が出ましたが、僕が非常に尊敬した人です。その小島慶三先生が「土屋先生のいう通りだ」と言って、官房調査課長の時に少し予算が出たんです。大蔵省がほんの少し認めた。その少しの予算で差し当たりと『商工行政史』全三巻を作った。これが最初です。僕らの先輩の長岡（新吉）さんたち五、六人が手伝った。判は大きいけれども中身は簡単な本が出たんですね。

それが出たから通産省はそれでおしまいだと思ったら、土屋先生が「それは入門編で、もっと立派なものを出さなくては」と言うわけです。それを継いだのが両角さんです。一高[3]・東大を出た有名な人です。両角さんは小説にもなりましたが。城山三郎が『官僚たちの夏』という本を書いたけど、その主要登場人物の一人です。

両角さんは一高の大秀才で、まだ三十代だったんですよね。僕らよりも十ほど年上だった。僕が通産省の仕事に行った時に、ちょうど官房調査課長でいた。両角さんというのは辺りを睥睨《へいげい》するような貫禄があって、両角さんが課長の席にいると、みんな恐れをなしていました。すごい迫力があって、にこりともしないんですよ。

それで「当省では」とかね。僕らや土屋先生が行ったら「当省としましては」とか、話す態度が違うんです。旧制の昔の官僚と同じ話し方をするんです。三十代の一課長だけれども、自分が世界の日本、通産省を背負っているような気概がありましたよ。だから城山さんが小説にしたのも無理はない。私は通産省ともなると課長の力はすごいものだなと思って震え上がる思いでした。

『商工政策史』

●由井　その両角さんに、続いて『商工政策史』のために多少予算を取ってもらった。いる場所がないから、特許庁の建物の中の廊下の隅っこに部屋をつくって、そこに僕らの椅子を五つぐらい置いて、土屋先生はじめ四、五人で『商工政策史』を始めたんですよ。なにしろお昼になると、隣でピンポンをやっているものだから、ピンポン球が入ってきてしまって勉強ができないみたいな感じでしたが、土屋先生は偉いですね。黒い腕まきを僕らみんなに用意しろと言われた。

●上田　今はあまり使わないですね。黒い、腕に巻く。

●由井　黒いやつをやってこいと言って。汚れるからね。それで土屋先生と私と藤沢君と、通産省から来た人が二人とでその仕事をやったんですけどね。

土屋先生はたいした情熱で、昭和二四〜二七年の『通商産業年報』が出たんですもんね。今から見ると非常に貴重な史料ですよ。企業史料としても、まさにあの史料がいかに大事かということですね。今になっても、やっぱり力があるんですね。昭和二二〜二五年なんていうと、復興期のいろいろなその当時の情報がナマのかたちで入っているもんね。やはり一次資料ですね。あれを土屋先生が残したのは慧眼《けいがん》ですね。

通産省の中では嫌われ者で、みんな土屋先生が来ると困るらしいんですよ。土屋先生は偉いから、一応、課長クラスや局長も話を聞かなければいけないし、どうせ歴史をやれということに決まっているけど、通産省では誰も全然やる気がないんですよ。

安藤（良雄）先生が面白いことを言ってね。安藤先生は自分の仲間がちょうど課長クラスでしたから、中に来ると「やあやあ」なんて、みんなをよく知っているんですよ。「土屋先生は招かれざる客なんだよ」と僕らにしょっちゅう言ってね、「だから、あんな言ったって、みんな嫌なんだよ」と言って。だけど、そう言われながらも、土屋先生は粘りに粘って、その部屋をとうとう確保して、その次に資料を集めて、整理だけはしておけということでね。それはいいことではないですか。

それからその次に、もう忘れられてしまったけど、吉野信次さんという戦前の大通産次官がおられ、土屋先生の理解者でした。戦前の通産省（商工省）というのは吉野さんが全てでしたよ。吉野信次さんはすごく秀才で、一高・東大で一番だったという話があるよね。吉野兄弟[4]はものすごく有名です。

吉野信次さんは、一生、通産省にいるつもりで、もちろん次官も長く、ご自分は昭和初年の恐慌の時の担当官だったから、資料をみんな持っていたんですね。自分がみんな集めて、官庁の資料も自分のところに持ってきて、それに皆、「吉野」と判を押して、自分の家に山ほどあった。また、部下たちにも皆、昭和初年の資料を自分の家に置いておけと。そして、その『商工政策史』の時に、それをみんな持って来いと言われ、資料は山ほどありましたよ。今、とてもいい資料ですね。僕なんかも、あれがあったおかげで『中小企業政策の史的研究』という本が書けたようなものです。あの時の資料がそろっていたから。

●由井　ですから、その頃は役所自身も資料についての認識がそれほど高くなくて、みんな食うや食わずでいっぱいだったから、その資料を整理なんて。だいたい保存することに精いっぱいでしたよね。でも、立派な先輩たちがいて、その資料を整理した。

通産省からは『商工政策史　第一二巻　中小企業』（通商産業省編、商工政策史刊行会、一九六三年）として刊行されました。ずいぶん厚い本をまとめました。あれが出たら、戦後、運輸大臣になった吉野信次さんから、僕に来てくれという電話があった。僕は吉野さんとは一度も会ったことがない。だけど呼ばれたからと思って行ったら、どこかの部屋に呼ばれて、吉野信次さんは「君が由井君か」と。私が「はい、私です」と言うと、「君、いいことをしてくれたね。僕がやった時代のことが、君の本を見るとずっと分かる」と。

それから吉野さんは、自分が辞めた後の政策の変遷がよく分かったとのことでした。つまり、自分が作った基本的な原則が戦争でどんどん利用されて、肝心な工業組合が統制機関にされてしまった。私は統制というのはできるだけ排除したのですが。自分の気持ちでは、工業組合というのは統制機関ではまったくないということを趣旨にして、少しも「統制」という言葉は使わなかったんで、と。

また、どうしても中小商工業というコンセプトが必要だから、大正一四年かに「中小商工業」

という言葉を作った。当時は「中小商工業」という言葉はないけれども、単なる庶民、民衆ということではなく、商工業という実体があるんだから、あえて使っているとした。「中小商工業」という言葉は僕が作って、ずいぶん、語呂が悪いから使われるかなと思ったら、おかげさまで使われるようになった。そして十何年たって「中小企業」という言葉ができて、それに置き換わった。君は、それもきちんと書いていると。

「君の本は僕がやった足跡をきちんとたどってきているよ」と、運輸大臣の吉野信次さんに褒められた。一生で一番嬉しかったのは、その時ですね。やはり認めてくれる人がいたんだと思った。そして吉野信次さんは「君のおかげで、僕がやったこと、通産省の足跡は全て商工政策史の本になって実現した」と。それはとても嬉しかったです。ともかくそんな経験をしました。

土屋先生と日本銀行

●由井　土屋先生自身は、途中でもう嫌になってしまった。通産省も自分の言うことを聞かないし、通産省も本当に土屋先生には手を焼いてしまったんですね。土屋先生としては、大蔵省が『明治財政史』『明治大正財政史』そして『昭和財政史』とやっていく。あれを見ていて、予算がきちんと付いて、財政史をやっていた武田（隆夫）先生などは名前が出ている。先生はあれがうらやましかったんですね。『明治財政史』も『明治大正財政史』も『昭和財政史』も十分な予算が付いて、しかも官庁が手を入れなかった。かなり批判的な立場で書いてある。

あれを同じように通産省もお金を出してやるべきだったけれども、通産省側はそんな政治力もまったくなかった。通産省がほんの少ししかお金を出さなくて、あんな汚い建物の汚い机に押しやられて細々とやっていた時に、土屋先生は一方で、「僕は社会党が天下を取ったら、この仕事でうんと予算を取れる」と言っておられた。まだ、社会党の政権があるという雰囲気があったんだね。「社会党にさえなれば、僕は社会党のトップの人をよく知っているから、親しいから」と。「委員長の鈴木（茂三郎）さんはよく知っているから、僕は予算をもっともらう自信があるんだよ」と言っておられた。

それで先生は通産省には不満があったけど、日銀にはとても報いられたんですよね。『日本金融史資料』はみんな日銀がＯＫして、部屋までもらってね。だから先生としては、日銀はあまりにも待遇がいいし、それに対して通産省はまるで待遇が悪い。面白くなかったんでしょうね。僕が呼ばれる場合は、日銀の方に呼ばれました。日銀には立派な部屋があった。

日銀には、有名な吉野（俊彦）理事がいたでしょう。その吉野さんは土屋先生を尊敬して、「土屋先生の言う通りで、日銀の中で『日本金融史資料』をやるべきだ」と言って、予算もきちんと取っていた。しかも吉野さんは調査局次長から理事になったんですね。だから、日銀の中でも非常に発言権があって、吉野さんは日銀の理事として、あそこに土屋先生と山口（和雄）先生の部屋と机もきちんと用意して、『日本金融史資料』の明治大正編、昭和編と、全部出すと膨大なものになりますが、あれにすべて予算が付いた。

でも、日銀の方は僕らが入る余地はなかったから、僕は最初から最後まで通産担当みたいになってしまっていました。担当ではない、予備軍だね。

その後、『通産政策史』が、阿部先生も加わられてずっと続きましたね。僕はよく知らないけれども、あれは僕らの仕事が終わった後の第三期になるのかしら。

●阿部　第二期、第三期がありまして、私は第二期の部分執筆に若い頃に呼ばれ、終戦後から石油危機の頃までのシリーズの一部を執筆させていただきました。その次に、また第三期、つまり通産省最後の二十年の通商・貿易政策の巻の編集についてもお呼びがかかりました。つまり由井先生が担当された『商工政策史』を含めて三回、大きなプロジェクトが続きました。

第二期と第三期の編集を担当された武田晴人先生のご尽力で、『商工政策史』と第二期の『通産政策史』の関連資料の大部分は現在では、ジャパンデジタルアーカイブズセンターの提供により、オンラインで読めるようになっています。吉野信次さんや美濃部洋次さんが残してくださった文書もそれに含まれています。

初期の日本経営史研究所の活動

●阿部　主に『商工政策史』と日本銀行の史料、そして土屋先生のご指導のお話を伺いましたが、その後、由井先生はたくさんの社史のお仕事をされて、企業史料とさらに深く関わっていかれましたね。

●由井　はっきりと覚えているのは、政策史ではなくて、いわゆる会社史の方です。日本経営史研究所ができてしばらくたった時に、会社史を担当しようという人たちが集まって、むしろ、その人たちが企業史料の中心でした。イギリスとは全然違う。会社の社史の担い手の方が経団連の図書館などにお集まりになって、企業史料について自分のところが集めたいということと、集めたものをどうするかとか、いろいろなお話があった。あれは日本経営史研究所ができていつぐらいかな。

●阿部　日本経営史研究所の発足は一九六八（昭和四三）年ですが。

●由井　そのちょっと後だと思いますが、河上（増雄）さんが、単なる社史を出すだけではなくて、やはり日本だから社史と一応は密接に関係しているんだけれども、社史を出す時に資料も集まるんだし、熱心な人がやっているんだから、企業史料という名前を出して担当の方の集まりが要るのではないかと。

これは河上さん個人がすごく強く主張されて、僕はとてもそこまで手が回らないと思ったんでしょうね。河上さんご自身がずいぶん動いて、経団連の花村（仁八郎）専務理事のところへ持ち込んで、花村さんを引っ張り出して、今の企業史料協議会の前身を作るための集まりをしました。その時には河上さんが中心だったから、河上さんは時期を覚えていると思いますよ。

その時には、花村さんを顧問格に引っ張り出すのがこつだと。つまり今や花村さんは経団連事務総長で、財界のお金の面倒を見る大物になっていると。しかも花村さんは土屋先生の弟子で、一応、経済史の下地があって、経済史・経営史のことはよく知っているから、花村さんがキーパーソンだと。だから河上さんが花村さんを口説くとおっしゃって、事実、口説かれたんですよね。それで花村さんを引っ張り出して、企業史料のために産業界にもっと協力してもらいたいと、一言言ってほしいということで、その集まりがありました。それが企業史料協議会の最初の集まりだと思います。僕はそれをすごく覚えています。花村さんは、あまりどこかに出ていくのが好きな人ではないのに、きちんと出てきて、真ん中の席に座って。河上さんは「小さいけれども、アドバルーンはやっぱり上げたいと思います。そして花村さんにもおいでいただいて」と言ったから、これが始まりでしょう。

河上さんは僕をあまり引っ張らない方がいいと思ったらしくて、形の上では僕は協力者みたいですが、そうではない。実は花村さんは話す時に名指しで「由井君、由井君」と。僕の顔を指さして、「由井君、これをよく知っているね」とか、僕を相手に話すような話し方をして、僕はとても困ったことを覚えています。花村さんは要するに、「財界といってもそんなに金が出るわけではない。地味な仕事で努力がうんと要る。そんな簡単に金が出るようなものじゃないということを由井君は承知しなきゃいけない」と。僕はその時のリーダーではないんだから困ってしまったことを覚えています。

それを田付（茉莉子）さんがすごく面白がって、よく覚えていて、いつも僕の隣に来て笑っていました。「花村さんが、『由井君、由井君』と名指しで言うから、ものすごくおかしかったですね」と言って、よく覚えていた。その頃、田付さんは助手みたいなかたちで日本経営史研究所に来ていまして、『五代友厚伝記資料』の編集の仕事もしていた。そんなことがありました。

それで、河上さんはすごく熱心でしたよ。やはり日本では、この企業史料はすごく大事だし、学会の大学の先生は自分の専門が移ったりしますよね。一つの会社にずっと一生ということは、服部之總さんみたいな人はいない時代だったから、どうしても経営史学会とは別だし、日本経営史研究所とも別に、企業史料を残す運動をしないといけないと。河上さんは、それにすごく情熱を持っていたし、持って当然ですしね。だから、もちろん企業史料協議会ができて、花村さんも最初から役員でしたよね。中川（敬一郎）先生や花村さんたちには、みんな役員になっていただいて、企業史料が大事だと。

ただ、私の関係でいくと、やはり社史はすごく大事だし、企業史料ももちろん大事ですが、それについてお金が全然ないというのは、どうしたって活動ができないで困ると。それは、なんとか役所から金が出せないものかということで通産省に申請しに行って、多少でも助成金がもらえないかと訴えました。企業史料はすごく地味な分野だけれども、ないと困るし、お金がないと駄目だと。

そう言って口説いたら、通産省の一課長だけれども実力のある調査課長がそれを認めてくれて、日本自転車振興会の金が多少助成できるということで、その次の通産次官、役所の政務次官だった人に頼んだ。渡辺秀央という代議士さんです。渡辺代議士は、その後ずっと政治の一線に出たままでしたが、中曽根派の若手の代議士さんでした。その人に頼んだら骨を折ってくれて、通産省の課長を呼び出して「これは地味な仕事だけど少し何とかならないか」と言って、基金は自転車の方からきたのかな。とにかく五千万円だか面倒を見てやろうということになりました。

その五千万円を基金にして、今もある日本経営史研究所が持っているライブラリーを整備したらどうかということになった。あれができて、今後、維持できるように五千万円を付けてくれたんです。ただ役所が五千万円を出すけど、残りの五千万円は民間から集めて、全部で一億円にして、企業史料の部屋をつくり、その基金の利子で維持できるようにとすぐに指示してくれた。それはよくご存じでしょう。きちんと資料もあるはずですね。それをやってくださいました。

担当の会計課長さんは、とても立派な課長さんで、通産省にいた僕の仲間などに聞いたら、とても評判のいい方でした。あの時、通産省の課長クラスで、僕より一級下で同じゼミの内田（禎《よし》夫《お》）という友人がいたんです。内田君は課長だったけれども優秀な人で、その後、ＪＥＴＲＯ（日本貿易振興機構）の所長もしました。土屋ゼミで親しくしていた人で、とても理解があった。

その内田君が通産省の中で根回しをしてくれて、日本経営史研究所はとても優秀ないい団体だから通産省としてもバックしてやろうということで、ずいぶん骨を折ってくれて、若干のお金とかもみんなやってくださいました。それで今があるんですね。現在の経営史料センターができて、あれがずっと維持できるように通産省が計らってやろうと、そこまでしてくださいました。

ただ通産省の助成費だけではできない。同じぐらいを民間からも集めて、きちんと充実したものにして、通産省の中で恥ずかしくないだけのものにしてほしい。おそらく日本の産業政策も、そういう歴史の知識が必要ということは必ず起こるに決まっているから、そのためにと。通産省の当時の思惑としては、一般の産業界の人が日本経営史研究所に来て、その資料をよく読んだり見たりして、もっと利用すればいいのではないかと言っていました。それはあまり進まなかったみたいだけれども、いずれにしても、そういうものがあればいいと。

その時、たしか通産省はとても好意的でしたよ。だから僕も助かった面もありました。僕などは、はったりだけれども、大いに外国で、日本経営史研究所が持っている資料とその価値を話しました。世界にも日本経営史研究所ぐらいしかないんですよ。社史が全部集まっているところは。阿部先生もよくご存じですが、日本経営史研究所ではコンピュータに社史の情報が全部入っていて、ボタンを押せば調べたい会社のデータが出てくる。あれはたいしたことだと思っていました。アメリカのチャンドラー先生にも一度見に来てもらいました。それから、先だってまでアメリカ経営史学会の二代目の会長をしていたミラ・ウィルキンス（Mira Wilkins）という素晴らしい先生にも来てもらって見てもらいましたよ。だからアメリカでは、チャンドラー先生も、ウィルキンス先生も、日本経営史研究所にあるライブラリーと資料のネットワークのことは知っていますよ。

ですから、皆さんのおかげでああなった日本経営史研究所の資料室は、なんていったって、「新日本製鐵」とボタンを押すと、新日鐵が何十と出てくるんです。チャンドラー先生に「これはすごいですよ。向こうのＵＳスチールにもこんなものはないはずですよ」と言ったら、「ＵＳスチールにもこんなのはない」と。新日鐵を押せば、日本の場合には何十という写真が全部出てきますからね。「これは優れているよ」と言われましたけどね。

今のハーバード大学の教授のジェフリー・ジョーンズ（Geoffrey Jones）さんも来て見ていきましたよ。ジェフリー・ジョーンズさんも盛んに感心してね。三十年ぐらい前かに来て、あそこを丁寧に見て、調べて、「I like this institute」と言ったよ。ジェフリー・ジョーンズさんは、まだイギリスのレディング大学の教授の時に来て言ってくれました。

今思うとジェフリー・ジョーンズさんもたいしたものですね。ハーバード・ビジネススクールの正教授ですものね。彼もいい人柄は変わらなくて、この前も渋沢研究の時に呼んだら喜んで来られましたね。

●阿部　今日のお話は、前半は先生のお若い頃の官庁史料および企業史料との出会い、もう一つは初期の企業史料協議会の思い出でした。

ジェイコブ・ソール著『帳簿の世界史』について

●由井　五、六年前に文藝春秋の人がやってきて、すごくいい本があるというんですよ。文藝春秋はあまり本を出さないけれども、特に面白い本は出したいと思っている。その一つの候補として『帳簿の世界史』（ジェイコブ・ソール著、村井章子訳、文藝春秋社、二〇一五年）という、要するに簿記会計の歴史がすごく面白く書けている本があると。それで、僕と速水（融）先生の二人が意見を求められたんです。速水先生が亡くなる直前で、速水先生はこれを見て僕に、「ヨーロッパでもこういう本はあんまりないんだ」と言うんですよ。「簿記会計のことについては、まるで本がないし、第一、企業史料の帳簿等があまりないんだ」と言う。

それで速水先生に改めてお聞きすると、ヨーロッパは皆、帳簿はそんなにないのだというわけ。日本人が考えるほど帳簿はなくて、たしかにルカ・パチョーリ（Fra Luca Bartolomeo de Pacioli）という有名なイタリア人は、一四九四年に簿記会計の教科書的モデルを作って、それがヨーロッパでとてもはやって使われてきた。それは事実なんだけれども、そうかといってヨーロッパに簿記会計の資料がいっぱいあるわけではなくて、向こうもそんなにないということを聞いたと言うんです。

そうしたら、たまたまこういう本ができそうで、研究者がいたという。これについては文藝春秋がとても興味を持っていて、僕にも話があったから、とても結構じゃないですかと。簿記会計のヨーロッパの歴史なんていうのは本当に知りたいところで、ルカ・パチョーリのことは聞いているが、そこから後は今までどうなってきたのかまったく知らない。翻訳が出れば大喜びだと言ったら、速水先生も大賛成で、自分も簿記会計のことはよく知らないという。第一、日本の帳簿についても、まるで知識がないから、そのためにも、こういう本が出るのはいいのではないかと思うと。

それで文藝春秋のあとがきに書いてありますが、速水先生も僕も大賛成で、ぜひ翻訳を出してくれと。こういうものがあれば、これを通じてヨーロッパのルカ・パチョーリ時代の簿記会計がどのように使われていたかが分かると。

この本を読むと、一言で言うと、ヨーロッパの場合も、すぐに民間の会社の簿記会計が発達したのではなくて、その前にスペインとフランスの皇帝が簿記と会計に興味を持ち、自分のところの財政を知りたい。ルイ十三世も十四世も、フランスの国家財政あるいはルイ家王朝の財政がどうなっているか、とても興味があった。それでルイ王朝では十三世、十四世から簿記会計の勉強をして、自分のところの財政がどうなっているかを調べた。それがすごく役に立ったそうです。

スペインもそうで、スペインは無敵艦隊などでうんとお金を使ってしまって財政がすごく悪くなった。それは、この簿記会計を使って初めて分かった。それまでは、自分のところにいったいどれだけのお金があるのか、よく分からなかったというんです。だから、どこの王様も自分の国は大丈夫、お金はいっぱいあるんだと思っていたけど、やはり簿記会計をやって調べてみると、それが分かった。

それでヨーロッパの場合には、スペインが最初で、それからフランス、イギリスの三大王朝がそれぞれ簿記会計を使い、自分の国の財政を調べた。結果は良くなくて、盛んに財政大臣を設けて財政の改革をした。その財政の改革をした大臣に有名なコルベール（Jean-Baptiste Colbert）とかいろいろな人が出てきて、それでイギリスもフランスもスペインも大大臣が出てきて、簿記会計を使って自分の国の国家財政がいいのか悪いのか。それまでは、いいか悪いかも知らなかったという。ものすごくもうかっているような気もしていたし、財政はすごく豊かだ、戦争で使ってしまったからなくなっているという考え方もあったし、はっきりしないけれども、簿記会計を使って調べてみたらよく分かった。

ヨーロッパでは、まず簿記会計というのは国家財政から入ったというんです。国家財政が、まず簿記会計を使って、いわば正確に実態を知ることを勉強した。十六世紀はまるで発展していなくて、十七から十八世紀になって初めて国が使ってみたら、案外役に立った。その後、財政というものにすごく大きく目が開かれて、それがあって初めて、その後に簿記会計が発展した。

それからイギリスはウェッジウッド（Josiah Wedgwood and Sons）が大きいそうです。ウェッジウッドは産業人だったけれども、簿記会計を十分に使って、ウェッジウッドという陶器のビジネスを成功させた。それは非常に大きなことで、イギリスは産業革命から後、ウェッジウッドが初めて簿記会計を使って、自分の会社の損益を明らかにし、原価計算という考え方も、ウェッジウッドが初めて使った。

それでイギリスにも十八世紀になってから原価計算という考え方が広まって、ヨーロッパも簿記会計が非常に進歩した。十七世紀から始まって十八世紀と、ルカ・パチョーリの時代ではない。それよりはだいぶ後のことだというわけです。十八世紀にはむしろ使われなかった。だいたい簿記などはたいしたことがないと言われた。

財務は、簿記会計などはなくて、自分の勘で、当時は自分のところはお金がいっぱいあると思ったら、それでだいたい済んでしまっていたが、簿記会計をフランスのルイ王朝とかが参考にした。国から始まって、民間にも始まってきた。それが産業革命以後、イギリスで非常にはやるようになった。それはウェッジウッドが最初だった。

そういうことが、この本に詳しく分析してありました。だから、これはとても役に立ちました。速水先生はすぐに亡くなってしまったから、これを読んだかどうか知らないですが、ただ、そういう知識が自分たちに不足しているから文藝春秋が出してくれたらとてもいいと、文藝春秋に薦めていた。

それで速水先生は、自分はまるで簿記会計の知識がないと言うんですよ。江戸時代の簿記会計は全然知らないというわけだ。だから「今度、三井文庫に行って勉強します」なんて言っていた。

速水融先生の思い出

●由井　速水先生は亡くなる直前、いやに元気で、「僕はこれから三つ大きな仕事をするんだ」と言って、三井文庫の理事も引き受けますし、今まで僕は人間を頭数で勘定することで自分の勉強をやってきたけれども、この頃は人間の頭数だけでは研究にならないと。僕のやった人口学なんていうのは限界がきたんだ。これからは人間を研究しなくては駄目だと思っているから、きちんと三井や住友は何を使ってどういうふうな仕事をして、その中身を知りたい。だから、三井文庫が出した本をずいぶん読まれて、「ずいぶん三井で分かっているんですね。奉公人の研究がこんなに進んでいるとは知らなかった」と言われて、大変感心しておられました。

しかし、速水先生は二〇一九年の年末にあっという間に亡くなってしまってね。三井文庫の理事は二年ぐらいではないかな。最初はとても元気で、僕に「まだ三大プランがあるから、これをやらなければ駄目だ、やりたいんですよ」と言って、それは熱心に話していたから、僕は速水先生とはこれからの人生かと思ったら、まもなく亡くなってしまった。ちょっと足が悪いなんて言っていたら、身体の方もすぐに悪くなってしまって、あっという間に亡くなってしまったんですよ。

阿部　速水先生は亡くなる十年ぐらい前ですか、スペイン風邪の研究を出版されました[5]が、コロナ禍になってから、そのご本がずいぶんいろいろと引用されていますね。今思いますと、やはり先見の明がおありだったんですね。

由井　あの本は、出版元（藤原書店）では全然売れなかったんだって。四万部で値段が高くて売れなかったけど、ここにきて何千部という注文が殺到したんですよと言って笑っていた。

速水先生は亡くなる二年ぐらい前かな、今から四年前か五年前かな。三井文庫の理事になってもらったんです。その時にお宅へ行っていろいろと話して、三井倶楽部でお昼をごちそうしたら、速水先生は僕に自分の一代記を話したんですよ。

慶應にいて学者になるつもりなんかなかったら、歴史の助手をしていた服部（謙太郎）さんが日本経済史をやることになっていて、それが家業である精工舎（現・セイコーホールディングス株式会社）の社長になることになったから慶應にいられない。それで空いてしまったから、「ぜひ、あとはあなたがなってくれと言われたんです」と、速水先生はすごく面白おかしく話してね。それで今、どこかに頼んで私の履歴書を書き出すことにしたから、自分の若い時の話を書き出したと、僕にずいぶん話してくれたんですよ。学者になる気は全然なくて、ただポルトガルに行く便宜があったから行って、ポルトガルでポーカーばかりやっていて、人口史の学会があったから顔を出してみたら、これは俺にもできると思ったなんて話をしてね。

ポルトガルに一年もいたと言っていたよ。それでポーカーばかりしていたと。ポーカーは強いですよ。速水先生は本当にすぐれた学究でしたね。

（二〇二〇年一一月収録）

1　四四頁注17を参照。
2　八九頁注11を参照。
3　旧制第一高等学校（東京大学教養学部の前身）の略称。
4　兄は吉野作造。東京帝国大学教授。
5　速水融『日本を襲ったスペイン・インフルエンザ——人類とウイルスの第一次世界戦争』藤原書店、二〇〇六年。

五　伝記・社史と企業史料

聴き手　阿部武司・池本幸雄・佐々木聡・上田和夫・加藤玲子

戦後における社史編纂の開始

●由井　社史作成の歴史を顧みると、戦争直後は、将来どうなるか分からないんだし、とても社史を作ろうという雰囲気はなかった。それで、昭和二八、二九年に戦後が終わったとか言われ、前途が明るい見通しができてきて環境が変わった。たまたま私が大学院に入った昭和三〇年の少し前に、日本経済史の大家の土屋喬雄先生が東大経済学部教授に復帰しておられたんです。

当時産業界からも、そろそろ社史を出したいという雰囲気が生じ、その時の担当の土屋喬雄日本経済史教授に意見を求めたいと言って、幾つかの会社の方が土屋先生のところに来られましてね。まだ覚えているのは、日清紡のような名門会社も土屋先生のところに来て、そろそろ社史なんかを出してもいいと思うという話があった。昔のまま、あまりに格好ばかりの写真中心のではなく、中身のある社史を出したい、それはどういうもんでしょうかとご相談があった。それから、前回お話した日本皮革とか、いろいろな歴史の長い会社が相談に来たんです。

土屋先生は、すでに『第一銀行史』の編集・公刊をしていたんですよ。これは別格でした。日本最初の銀行だからね。『第一銀行史』の上・下二巻の立派なものを出され、またすでに『渋沢栄一伝記資料』を完成され、刊行も軌道に乗っていました。だから銀行は別なんですよ。『三井銀行八十年史』（三井銀行八十年史編纂委員会編、三井銀行、一九五七年）も慶應の中井（信彦）先生が中心に編集され出版されました。こうして『第一銀行史』と、『三井銀行八十年史』ができた。銀行で、まず二つ立派な社史ができたことは当然ですよね。輝かしい歴史があるし、史料も文献もちゃんとしたものが存在していました。

産業界に社史刊行の機運が起こったのは昭和三〇年頃で、ようやく社史というものを出すべきかどうかの議論が生じたところです。もう世の中も落ち着いてきたから、うちの会社も将来性があることだし、それに考えてみると明治以降七十から八十年たっているから、リーダーカンパニーは長い歴史を経験してきた。そこで歴史を書き残したいといったムードができてきていた。それを私は非常によく覚えています。

土屋喬雄先生と安藤良雄先生

●由井　そこへ経済史の大家として土屋先生が東大経済学部教授に戻ってこられた。それから、経済史については現代日本経済史の講義を土屋門下の安藤良雄先生が持っていたので、安藤先生のところにも相談が来ていました。やはり現代日本経済史の担当でおられるからということで。製粉業で日本で最も歴史のある日本製粉（現・ニップン）は安藤先生のところに相談に来ていましたよ。

土屋先生と安藤先生のところに、だいたい長い歴史のある会社が社史について相談に来られた。それは私は非常に鮮明に覚えています。ちょうど大学院へ入った時だったものですからね。安藤先生のところにも、麒麟麦酒のような著名な大会社からも相談が来ていたし、土屋先生のところには日清紡のほかにも、今言った日本皮革とか、そういう会社も次々に相談に来ていた。

私は大学院に入ったら、社史をやるつもりではなかったけど、土屋先生と安藤先生からそれぞれ、社史も勉強になるからやってみるようにと言われた。そして、僕の翌年に安藤ゼミ出身の三和良一君が大学院に来たので、僕と三和良一君の二人が関係するようになった。ですから、三和君と僕が初期の社史をやるようになった。

安藤先生も新進気鋭の東大教授、もう教授だったから、大きいところからも相談がありましたよ。歴史的に全国的な流通を支配してきた日本通運は代表ですよ。明治の創業から数えると九十年ぐらいになっていたのかな。安藤先生のところに相談が来て、当時院生だった林玲子さんはじめ、のちに流通経済大学に関わった研究者たちを集めて、本格的に安藤先生のところで日通の社史が大規模に検討されましたよ。このプロジェクトに当時歴史に興味を持たれた三笠宮さまも関係されたほどでした。そんなことで、日通の社史は大変大規模な企画でした。

このように土屋先生と安藤先生は両方とも、昭和三〇年当時、かなり社史について大きな役割を果たされるようになりました。

日本経営史研究所の『五代友厚伝記資料』の編纂

●由井　前回にも触れましたが、一九六八年に新設された日本経営史研究所では『五代友厚伝記資料』をやることになったから[1]、この時に初めて僕は関西に行きました。関西の人たちに協力してもらわなければできないから。このプロジェクトには、関西の人たちも大変喜んでおられた。

それで早速、その時たまたま親しくさせていただいた関西経済団体連合会の会長の芦原義重さんに協力をお願いしました。あの方は理系なものだから、文系については非常に謙虚でおられて、「いや、自分は文系のことはよく知らないから、ぜひいろいろ教えてもらいたい」と言うので、私も若手のブレイングループに加えていただいていました。それで協力してくださいましたよ。東洋紡績会長の谷口（豊三郎）さんと、関経連の会長の芦原さん、それとまだ菅野和太郎先生がお元気だった。だから菅野大先生と芦原義重関経連会長と宮本又次先生とね、大所がみんな協力的でした。

一九六四年に経営史学会ができる時も、とてもよかったんですよ。経営史学会ができるのに関西も大賛成で、我々も異議なく、一緒にやりましょうと。あの頃、阿部先生が大阪大学においでになる前の段階だったんですが、関西と関東は本当によかったんです。意見の対立とか、そんなのはまったくなくて、関西の皆さんも『五代友厚伝記資料』には全力を挙げますと言われていましたしね。

また関西の先生方はどなたも、話には聞いてたけど気難しい方なんかいなくて、珍しいスッポン料理をごちそうになりましたよ。宮本先生もいい方で、いつもにこにこしておられた。

宮本先生の思い出話は、きりがないぐらいありますよ。その当時、宮本先生は盛んに、学会と一緒になって関西を啓蒙してくれと言われるんですよ。というのは、関西の人は社史についての認識が低くて、会社史なんて原稿用紙と鉛筆があればできるもんだと思っていて、そんな費用がかかるなんて気もないと言うんですよ。会社史こそ、その企業史料を集めて、分析して、研究して書くのは大変なんだと。それは関東の皆さんから説得してくれと言われるんですよ。まだ覚えている。今ではないですよ。もちろん今から六十年も昔の時の話です。

宮本又次先生は心が広くて、どんな仕事を持っていっても歓迎してくださった。非常に気持ちの広い人でしたね。しかも大学者ですね。僕は付き合っていて、つくづく思った。フランス語もよくできるし、要約を作ってくれと言うと、すぐにフランス語で要約を書いてくれるんです。「これ、どうぞ」と言って、自分の論文の要約とか、すごく簡単に書いてくれる。英語もフランス語もおできになる。お人柄にも非常に感激しました。今は息子さんの宮本又郎先生が立派に衣鉢をついでおられます。

門下の作道洋太郎先生はとても腰の低い方で、感銘を受けました。当時の関西の皆さんはどなたもそうでした。企業史料の運動の始まった六十年前のことだと思って聞いてください。

『五代友厚伝記資料』ですが、友厚の孫の五代さんは東京におられた。資料も皆、東京にあって、あの資料は全て孫の五代さんが土屋先生のところに持ってきたんです。そして、我々もお目に掛かってね。ご夫妻とも国会図書館に勤めておられて、ご主人はあまり興味がなかったけど、血筋のある奥さまは資料を持ってきて、「ぜひ、これだけあるから」と話してね。

それで土屋先生はとても熱心で、自分は渋沢栄一をやったから、やはり五代友厚は大事だと言って。土屋先生の言い方は「渋沢と五代」という言い方だったんです。これは戦略的によかったですね。つまり、五代という人を東京人に理解させるために、東京の渋沢栄一と、大阪の五代友厚が近代の明治時代の経済史をつくったんだと。これは東京人をすごく説得しやすかったんです。土屋先生は戦略的です。大成功ですね。それで東京の人たちも「あ、そうか」ということで協力してくれた。

そうしたら関西の先生方も、五代友厚については、もちろんやるべきだと大賛成された。大阪商工会議所前に銅像はあるけれど、活動は知られていない。あまりよく知らないと言うわけですよ。だから、ぜひともやりたいと言って、諸先生も皆、賛成でした。特に大物の先生ね。先ほど言った、財界では関経連の芦原さんが理解を示してくれて、よかったと思いました。もちろん宮本先生は中心的に動いてくださった。

それから、関西の五代友厚研究も、そこで一応盛り上がった。もっとも全四巻の伝記資料は大変だったんですよ。資料は沢山あるけど、読むのも容易ではなかった。最初は、土屋先生の知り合いの東大の文学部を出たお年寄りの方がやったんだけど、よく読めないいんです。中心となった新谷九郎さん2のほかは皆、ホールドアップしてしまって、結局、田付茉莉子さんが、新谷さんとともに自分の研究の生活の全てを懸けるようになっちゃったんです。

田付さんは当時大学院生でしたが、大学院の方は学生紛争があって学校へ行けなくなっており、お父さんの大内力先生が困っていた。それで山口和雄先生と僕は相談して、田付さんを日本経営史研究所の所員に採用しようと。そうすれば給料も出せるし、好きな勉強もできる。田付さんはすぐれた人で、日本経営史研究所の仕事は何でもしますと言われた。

それで「五代友厚のこの大仕事をあなたはやってくれるか」と言ったら、「やります」と言う。田付さんは、やはりそういうところが偉いね。それで本当に古文書の勉強をしたんです。最初の二年ぐらいは田付さんは、新谷さんやいろんな人から教わって、一生懸命に勉強してね。その努力はたいしたものでしたね。全責任を持ってやってくれる。そして五代友厚の仕事は軌道に乗ってくるんです。おかげさまで関西との関係もうまくできたし、今日のテーマにも関係するから。初期の企業史料の関係の話ですね。それで五代家も満足してくださった。

資料は、最初のうちは目も鼻もつかなかったんですよ。整理もついておらず、ナマの資料が読めなくて。それで「清盛」という言葉がいっぱい出てきて、「清盛」というのは大隈重信のことを称しているのが分かるまでにも、だいぶ時間がかかりました。そういう隠語、これは誰のことを示すかよく分からない隠語が結構あった。「清盛」が代表でした。そんな苦労もありましたね。

当時、企業史料というのは、まさに企業史料で、五代さんのお孫さまは、それが散逸しないように相当努力されていて、その話を土屋先生に持ち込んだ。土屋先生は、『渋沢栄一伝記資料』が一応終わった時だったんです。ですから、土屋先生としては次の仕事として五代というのは悪くない。その頃、ちょうど日本経営史研究所が財団法人としてできたので、そこがやればいいと。

我々は日本経営史研究所をつくって、日本経営史研究所の大きな仕事として伝記資料を出すことにしました。特に『五代友厚伝記資料』と『中上川彦次郎伝記資料』を出したい。中上川さんは孫の彦一郎さん（当時三井銀行監査役）からも意義を言われていたから着手することとし、『中上川彦次郎伝記資料』（由井が担当）と『五代友厚伝記資料』から始めて、それが終わったら荘田平五郎など三井・三菱の経営者たちの伝記資料を次々に出せばいいのではないかという目鼻がたちました。そちらはうまくいきませんでしたけどね。

三菱財閥関係の資料刊行

●由井　それから、三菱の岩崎（彌太郎）さんの伝記資料も出せるのではないかと思いました。そうしたら三菱側は受け入れられなかった。もう伝記の編纂はすでに始めていたんですね、『岩崎彌太郎傳』上・下巻（岩崎家傳記刊行會編、東京大学出版会、一九八〇年）の編纂事業が。でも、中身は大ざっぱなものでしたね。

●阿部　東京大学出版会から出ているシリーズですね。

●由井　そうです。でき上がった本は大ざっぱなもので、あまり本格的なものではなかった。

『岩崎小彌太傳』（岩崎家傳記刊行會編、東京大学出版会、一九七九年）なんかも簡単なものです。四代目小彌太など大正・昭和の日本経済の巨人ですから三巻ぐらいの本が当然出るべきでした。僕はおよそ小彌太伝なんていうのは、それこそ大いに注目していた森川英正さんでも引っ張り込んで徹底的にやればと思ったけど、結局、三菱が岩崎家の方で、伝記の出版はもう決まっているから、日本経営史研究所に頼まなくたって、我々の手でやるというわけでした。だから、手なんか入れないでくれと、一言でいえば、我々は拒否されてしまいました。では、それは結構だろうと思ったけど、結局、内容が充実した、いい本は出版されていないようですね、あのシリーズでは。だから大変失礼ですが、次々にでき上った岩崎家の伝記は必ずしも面白くなかった。むしろ最近ですね、少し詳しくなったのはね。

●阿部　彌太郎や小彌太の伝記を武田晴人先生がお書きになっていますね[3]。

●由井　それらがようやく本格的な伝記でしょう。あの頃は結局、この企業史料の初期の段階ですが、要するにどこにもそういう企業史料があって、どういうふうにするかというのは図らずも話に出てきて、社史を作るのと伝記を作るのとあって、社史はどういうものを使ってやる、伝記はどういうものを使ってやるだろうというようなことが、まず議論になったんです。企業史料はいっぱいあるから。

これが貴重なことは、もう間違いない。貴重なことは間違いないけど、差し当たり、我々の時は社史をやるか伝記をやるかのどちらかで、社史と伝記を作るうえで、どういうふうに企業史料を取捨選択したり集めたりすべきかというのが大きな問題として登場しました。それで企業史料協議会もできましたし、社史・伝記をやるうえでも、企業史料は大事だからという問題意識が出てきて、河上増雄さんが大変努力して、経団連まで巻き込んで企業史料協議会の設立に打ち込んだものです。

花村仁八郎氏の思い出

●由井　あの頃の経団連はよかったですね。経団連が、あんな立派な図書館をつくったのですから。どこの大学にも負けないような、きれいな図書館をつくって、しかも一般の人がそこで勉強する研究室もあるし、しょっちゅうシンポジウムをやったりね。

本当にあの頃は花村仁八郎さんがいたからよかったですね。花村さんというすごい人がいたんですよ。花村さんは土屋ゼミの私の先輩で経団連の総務部長を務められ、最後は事務総長になりましたけど、単なる事務屋ではなく、政治力のあるすぐれた人物で、後には、経団連そのものを代表するくらい偉くなった。

その花村さんという人は昭和七年に東大を出た人で、経済学部で、土屋先生の授業も出ていたんですよ。だけど、体を悪くしてね。また、あの頃は就職も難しかったから、いいところへきちんと入ることはなくて、ただ、勉強は多少好きだったし、土屋先生はかわいがっていて、では経済団体に籍を置いて、体を治しつつ時を待とうかということになっていた。

それで、花村さんは経団連ができた時に総務部次長ということで正式に経団連へ入った。そして自民党に対する財界の具体的な献金の額を花村さんがみんな割り振ることになりました。日本鉄鋼連盟、そして（会員会社の）八幡製鐵と富士製鐵は幾らで、どこは幾らと。その花村メモというものはすごく重要で、そこに全部、自民党への献金の額が書いてある。結局、献金の規準は花村さんのメモしかないわけですよね。だから、どんなに自民党で偉くなったって、自民党で幹事長になったって、花村さんのところへ行ってお願いするほかなかった。花村さんのみが、自民党の献金の額を、自分の判断によって、業界別、業種別、貢献別に表を作った。それは、そのうち有名になりましたけどね。

花村さんが、そのように自民党に対する献金を合理的に判断して、経団連の中で割り振って作っているというのは、そのうち、すごく有名になって、今度は花村さんという人が事実上、財界の裏のお金集めをやっているということはマスコミの知る事実になった。

中曽根康弘さんは、その頃、若手の政治家で有名だったけど、経団連が嫌いで、経団連が威張っていちゃ駄目だということで、お金がなくたって総理大臣にはなれるんだ、財界なんか、自分が総理大臣になればみんな寄ってくるよ、なんて大きなことを言っていたんですよ。

それである時、中曽根派というのができて、三十何人かいるけど、お金が全然ないんだ。僕はちらっと相談を受けたから、それは花村さんにお会いすべきだと申し上げたんですよ。また花村さんには、中曽根は優秀な政治家だからというようなことを言ったことがあった。たまたま二人が会う機会があり、そうしたら花村さんは「由井君というのがいて、盛んにあなたに会えと言っているんだ」と。中曽根さんも「私も由井君というのを知っていて、それが花村さんに会えとしょっちゅう言っていますよ」なんて言って、二人でしゃべったら、僕のことが話題に出たなんて笑っていたそうです。そんなことがあったんですけどね。

ともかく花村さんは財界の影の総理みたいになっちゃって、財界の影の天皇とも言われたんですよ。花村さんは土屋ゼミの出身者であって、歴史をすごく大事にしていたので、それで図書館にはお金をかけた。経団連に立派な図書館があるのは意味があるわけです。だから経団連の図書館というのは大事にしていこうと感じました。

それは今から見ると大見識ですね。ああいう経済団体に、一般の図書館のように本をただ置くだけではない。相当な予算を出して、一般の勉強するための図書館をつくったのですから。経団連の図書館は立派なところですよね。図書館も閲覧室もきれいです。末吉哲郎さんが図書館長になりましたが、企業史料協議会の初期の段階で末吉さんはとても活躍していました。

企業史料協議会と中川敬一郎先生

●由井　そんなことがあって、企業史料協議会を作った方がという話が出た。僕は、先日お話ししたように社史を書くので手いっぱいで、企業史料まではとても負担でできないという気があって、企業史料協議会の役員は勘弁してくれと河上さんに言って、中川敬一郎先生を推薦しました。

まず僕が archivist とか Archival という言葉をよく知らない時、中川先生は相当早い時期にアメリカへ行って勉強して、我々の学生の時には、もう帰ってきましたから、それで経営史の大切さをおおいに提唱された。経営史という学問は必要で、entrepreneur の歴史こそ重要なテーマだということを提唱されてね。

その時に僕は、耳触りのいい言葉ですよね。中川先生が archivist、Archival とか、そういう英語とドイツ語を盛んに使って、初めは耳慣れなかったけど、いつの間にか耳慣れるようになった。一つは、中川先生がたくさん使ったことです。もちろんその後は、archivist、Archival も全て日本語になってしまったけど、そんなことがありましたね。

日清紡と宮島清次郎氏

●由井　その頃はそういうことで、とにかく企業史料はものすごく大事だということはみんな分かってきたけれど、もっぱら僕の初期はそのように、社史と伝記のためにどういうふうに使おうかとかの意識で、社史と伝記とは、僕の感じでは不即不離でしたよ。僕はそうだった。企業史料というものは、社史とか伝記を作るためにどうしても必要だから、それ自身にその意味を認めたというよりも、社史と伝記がまずあった。

ましてや、産業会社は本当にわずかでね。東洋紡は、さすが歴史があったから、最初から歴史を大事にしていた。社史はすでに出していましたし[4]、社史室も置かれるなど東洋紡は社史に熱心でした。その後、日清紡は少し後でしたよ。日清紡は、何といっても宮島清次郎という傑出した社長も出ましたからね。宮島さんは、社史も伝記も要らないといつも言ったんですよ。あの人は、すごい骨のある人で、体裁や外聞のためならむしろ会社に社史や伝記なんていうのは要らない、僕の伝記なんか絶対に出すなと言っていましたよ。だけど、宮島さんはあまりにもすぐれた人だったから、いい伝記が出ましたけどね[5]。

それはもう宮島さんという人は、ものすごい力のある骨太の経営者でした。日本工業倶楽部の理事長だったし、何といっても母体の日清紡もしっかりしていたから。それで日本工業倶楽部というのは、宮島さんがいる限り、屋上でゴルフなんかやらせないと言っていた。贅沢なんかさせないということでね。日本工業倶楽部が贅沢なことをすると、すぐ宮島さんは横になって、「俺は辞めるぞ」と言って。みんな恐れをなしちゃいました。

だから財界も、道義を重んずる宮島さんというのは、一つの抵抗力のようだったんですよ、モラルのありどころだった。地味で質素で堅実で、努力するのは良くて、派手なことは良くないという。財界のモラルにおける宮島清次郎精神というのは、昭和三〇年代末まで、まだずっと続いていましたね。

それで、これはぜひ皆さんにお話ししておきたいんですよ。その頃、財界で役割分担みたいなものができてきて、経団連はあくまで経済団体連合会であって、大所高所で政策というものを考え実行する場所で、だから政治と密接不可分で、大蔵大臣や通産大臣、総理大臣としょっちゅう会って方針を決めるのは経団連でした。

日経連は労働問題専門。経団連は労働問題など扱ったりしてはいけないというところがあり、労働問題ははっきり日経連に分けて別にした。

経団連会長・石川一郎氏

●由井　それでモラルは日本工業倶楽部だということになったんですよ。モラルの問題、人間の精神の問題は。経団連はモラルまで扱うと変なものになってしまって、よく分からないと。経団連は石川一郎さんですが、あの人は理工系の人だからね。あの人は工学博士だから、理工系の頭なんです。理工系の頭としたら、ものすごく優れていた。東大の助教授でしたからね。だから数字にものすごく強くて、石川一郎さんが経団連会長になったのは、あの人しか再生産表式が分析できなかったからです。ほかの人では日本経済全体が計量的に分からない。

石川さんは理工系の頭で、そのくせ、そろばんがよく使えた。だから、しょっちゅうそろばんを持ち出して、「じゃあ今度、労働賃金がこれだけ上がると、物価にこれだけ跳ね返りますよ」というのを、そろばんで算出するのです。これは中山伊知郎先生もすごく感心したんですよ。経済の再建委員会みたいなのに、一橋大学学長の中山伊知郎先生が学者で出ていたんだけど、中山伊知郎さんが一番感心したのは、何よりも経団連の石川さん自身がそろばんを持ち出して、すぐ物価にこれだけ跳ね返るけどどうかとか、何をこれだけ上げると何に跳ね返りますかというのを。

だから国民所得全体でどうかというのを、そろばんではじいて計算したと言うんですよね。それで、ああいう再生産構造というものが頭に入っていた。

石川さんは、戦争中、化学工業統制会の会長だったんです。だから日本経済全体、化学工業全体の再生産表式が頭にあったんです。おそらく経済界でただ一人、日本の産業連関が頭にあって、それを数字で具体的に調べられたのは石川さんだけだった。だから経団連会長も、あの人以外できなかったんですよ。全体の数字がつかめないから。

石川さんは理工系の頭とそろばんの能力でもって日本経済の再生産表式が読めた。要するに傾斜生産も、どのように傾斜生産すると幾らに跳ね返るというのは誰も分からなかった。だけど石川さんは、すぐ傾斜生産方式を自分のものにした。石川さん以外に傾斜生産方式を財界で分かる人はいなかった。石川さんは数字でつかめたから、エネルギーとして石炭を基礎にしてやっていって、石炭の労働者の賃金が一番大きいので、要するに石炭労働者の賃金を幾らにするかということから、全体の物価の構造を把握できた。それで石川一郎さんは経団連の会長を昭和三一年までやりましたからね。戦後、再建過程は全部あの人だった。石坂泰三さんはその後だから。昭和三〇年代。石坂さんが出るまでは、だいたい石川一郎さんだった。

それから面白いのは、二人のイデオロギー的立場です。石坂さんは自由経済論者でしょう。石川さんは、必ずしも自由経済論者ではなくて、どちらかというと統制論者のところがあったんですね。戦争中の経済に関係していたから、資源不足の日本経済というのはどうしたって統制的な要素が避けられないというわけ。そんな自由経済をすぐ実現できるものではないと。どうしても統制的な要素は入るところがあってね。

石川一郎さんに僕が会ったのは、経団連の会長を辞めて間もないころです。石川さんは、渋沢さんのことを「青淵《せいえん》先生」と日常的に呼んでいた。「青淵先生が、青淵先生が」と言って、渋沢栄一とは言わなかった。戦前の財界では「青淵先生」という言葉が一般的だったのですね。

それで、石川一郎さんが経団連の会長を辞めた後ですが、僕が会った時に「僕が戦後、経団連の会長に指名を受けて、やらざるを得なくなった時、私は明治時代の青淵先生のような立場になったんだから、青淵先生の方式でやる以外ないし、青淵先生の通りにやろうと思った」と。

青淵先生は、要するに「誠」。誠実、「誠」一字だと。だから難しいことは一切なしで、とにかく「誠」一字きりで自分は対処しようと思ったと。全ては青淵先生の方針通りで、青淵先生はあんなにいろいろなことをやったけど、心が落ち着いていて、どんな時も冷静でパニックにならなかった。

渋沢さんの家と石川一郎さんの家は、王子のところですぐそばなんです。本当に目と鼻の先でした。それで非常に近しかったのです。だから石川一郎さんは若い時から、青淵先生を尊敬していたんですね。

それで今度は自分がその立場になったんだと。自分の立場は青淵先生の立場になったんだから、自分は青淵先生の通りにやればいいんだと。そうすれば、経団連会長は務まると思った。

僕は、それを今見ると、多分に本質的なことだと思います。結局、財界のリーダーの心得は誠一途だと。要するに財界のトップになると、情に動かされるとか、いろいろなことを頼まれ、人情の絡みが多くなるんですね。それを一切なくしちゃうというわけです。石川さんは経済復興のために人情を抑えて数字一本で行く。特に石川さんの場合には数字に強かったから、全て数字一本でいって、人情は一切無視することとした。

だから僕の印象では、石川さんは経団連会長を八年もやったんですけど、評判は決して良くなかったですよ。人情が分からないとか、融通が利かないとか、何を頼んでも聞いてくれないとかね。僕は、それは石川さんの本領だと思います。要するに、リーズナブルでなければ頼まれたことはやらない。そんなことをやってもきりがないから、一切人情は持ち込まない。渋沢栄一は人情を持ち込んだけど、自分は人情をやっているときりがない。本質的には誠でいいんだと。もうそれきりでいいんだ。どんなに非難されようと誠一途で判断する。

それで、昨日までのことを一切忘れることにしたそうです。朝起きると今日のことを考えて、昨日までのことを全部忘れる。前のことをあれこれ考えるときりがないというので、過去のことは一切忘れて、それからメモも取らない。その代わり資料は全部取っておく。それは後世が使えるように。ついでに、その資料を何とかいう人に頼んで、毎日こんなにいっぱい集めて。それが東大の武田晴人君のところに行った石川一郎文書です。僕は文句を言ったんだよ。史料は親戚の僕の所（日本経営史研究所）へ来ると思っていたら、その資料は東大へ渡してしまったというから、いつか文句を言ったことがあります。

石川一郎さんは再評価すべきです。あの人は、戦後の復興過程の時に、財界のリーダーとして復興支援だから人情を考えたらきりがない時に、変化に伴うスキャンダルが一つもなかったんです。考えてみると、昭和二〇年代の日本の復興の時に、あれだけ急激に日本の経済が復興したけれどもスキャンダルはなかった。

韓国の場合、復興にはスキャンダルが伴い、ひどいものです。何人も重要な人物が死んだり、司直の手にかかりました。第一、大統領が何人も関わったりしているんですよ。トップが自殺したりしている。韓国の財閥なんか、政府との関わりはすごいものです。日本は、そういうことはなかった。戦後の経団連とか財界で、スキャンダルで失脚した人はほとんどいない。第一スキャンダルはあまりなかった。一言で言うと、本当に少なかった。それには、僕は石川さんの誠実さがあると思いますよ。石川さんは極力誠実で、誰に何と言われようと、融通が利かない、あるいは政治力がない、頼まれてもやらないと言い、ともかく誠一途でやって、人情に動かされなかった。僕は、それは石川一郎経団連の長所だと思います。

社史の編纂

●由井　元に戻ると、企業史料というのは僕の印象では、伝記と社史を作る時、どういうふうに使わなければならないか、使うべきか、ということが一番大事だと思った。

それで昭和三〇年の時に、一応、先ほど言ったように社史を作ろうというムードができてきて、安藤先生が日本製粉の社史を引き受けて、「これを由井君と三和君でやれ」と言うわけ。僕と三和君は日本製粉の社史をやって、その後すぐ、味の素の社史をやったんです。だから僕らは、日本製粉と味の素の社史というのは、ものすごく強く今でも頭に残っているわけですけどね。

味の素と日本製粉は初期なんです。それから、その後すぐ、日本通運が大きな社史をやらなければいけないと言って、これは安藤先生に話が来ている。また、安藤先生は麒麟麦酒がやろうとしているとのことで、社史の時代が来たと思いました。

前回お話した日本皮革の社史執筆の経験などもあって、社史をどう書くべきかというのは、我々で考えるほかなかったんです。土屋先生は、とても簡単で、昭和三〇年頃、産業史と会社史というテーマを出されて、産業史と会社史というものは不即不離だ、産業史すなわち会社史ではないけれども、産業史と会社史は不即不離の関係にあるから、産業史なしの会社史もないし、会社史のない産業史もない、と言うんです。特に代表的な会社史と代表的な産業史というものは、かなり密接不可分という理論を立てられた。

社史編集の方法

●由井　これは、ちょっと面白いから強調したいところですね。つまり、最初に会社史は何を書くべきかという方法論についての議論はあったんですよ。日本皮革の社史執筆の時、土屋先生は僕に、皮革業のことが書いてある産業の本を、方々からコピーしたのを持ってきて、「君はこれをよく読んで、各章の第一章第一節を書きなさい」と言うわけです。それで僕が先に書いて、土屋先生がチェックしてから宇野（脩平）先生に渡して、宇野さんはそれを見て、その次の当社の沿革等を詳しく書くという、そういうやり方でした。非常に素朴な会社史の方法というのがあった。

ちなみに企業、特にメーカーにとってシュンペーター的な意味での「革新」の意義が社史でも認識されるようになり、むしろ社史こそ「革新」をキーワードとして扱うようになりましたが、それはやや後のことです。

でも、その後になって、僕は日本製粉と味の素をやる時に、土屋先生の方法だけではうまくいかないし、特に味の素などではそれではうまく書けないと思いました。それで三和さんと僕は、二人で社史に何を書くべきかと議論をしたんですよ。

僕は、日本製粉の場合も味の素の場合も企業家とともに技術は大事だから、肝心の技術はていねいに書かなければいけない、と。企業家活動と技術の後は、ちょうど経済学や経営学の基本通り、技術があって、製造があって、販売があって、必要な財務、資金調達があって、それで決算というふうに持っていく。そして、その最初の技術のところに、人物、企業家活動ですよね。まずリーダーの人物を書く。リーダーの人物は冒頭に書いちゃって、それは多分に技術と結び付いているから、技術に対する考え方もだいたいそこに書き込んで、そのように一つの会社史方法論というのはあるのではないかと。

それで一応、日本製粉の社史は、その方法論に沿って書いたんですよ。技術があって、企業家と投資があって、それから製造があって、販売があって、業績を書くという方法論があるのではないかと。

それで僕が今までによく覚えているのは、三和さんは僕と組んでしばらくやったんですが、彼が非常にいいことを言った。やはり三和君は優秀でした。「メーカーの社史をやる場合、一つ、製品の原価が重要になりませんか」と。ただ技術じゃなくて、製品原価と結び付くものです。

そして三和君は日本製粉の社史の時に、製品の原価とその変遷にこだわって、でき上がった粉の製造原価は幾らで、その原価の場合、何パーセントが原料の値段でと。製造原価の比率はすごく大事なんですが、やっぱり三和君は優秀で、それは、僕よりも三和君が相当強く主張していたアイディアです。

たしかにメーカーの社史を通じて原価をしょっちゅうよく調べていくと、原価から利益率もはっきり出ますよね。それはやはり一つの社史の面白さですよね。僕はその点を三和君に教わりました。三和君は、製造原価ということに非常にこだわった。そして、僕と三和君は、その初期の社史では日本製粉と味の素を二人でやったから、非常にいい勉強をしましたね。

いや、技術も苦労をしましたよ。味の素の技術って難しいんですよ。あれは化学工業だから、その化学の技術屋さんとずいぶん勉強して、一応、化学方程式を思い出して、ずいぶん味の素では技術の勉強もしました。その後は、複雑な産業はあまりできないけど。それから、製粉は技術的には比較的楽だったからね。それで初期は、三和君と私と一緒にやった社史は結構一つの筋道を通したような気がしますけどね。

花王社史

●由井　それから、しばらくたってから、それこそ花王ですよ6。花王の場合、まだ社史の出版段階ではない頃から、百年が来る十年以上前から、花王は百年を見込んで社史の研究をすると言っていました。花王はその点は偉いですね。百周年なんかずっと先の時に、もうすでに経営史の勉強を始めて、僕らにも声が掛かってきて、しょっちゅう勉強をさせられました。だから僕は本当に花王には感謝します。つまり、まだ社史なんかはずっと先の、あと十年も二十年も先の時から社史を意識していた。それで僕は明大の大学院生だった佐々木聡君と勉強を始めた。佐々木君は「帳合《ちょうあい》って何ですか」なんて言ってね、「全然分からないですよ」なんて、彼が言っていた頃ですよ。佐々木君、まだ院生だったもんね。

●佐々木　「帳合」という言葉は経済学の教科書に載っていなかったものですから……。

●由井　花王はいい会社だったので、社史のずっと前から勉強を始めていた。だいたい日本の会社でマーケティングをやると帳合がすぐに出るから、それで佐々木君が「帳合なんですけど」と。佐々木君は、それを現代までもずっと研究してきて、最近の本ではちゃんと帳合が立ち入って分析されているじゃないかな。佐々木流通論の一つのポイントだもんね。

●佐々木　その原点ですね、本当に。

●由井　そうですよね。

●佐々木　あの花王の資料で「帳合」という言葉に接しなかったら、今の流通経営史研究はないですよね。ほんとその通りです。

●由井　だから改めて見ると、花王はああいうふうに、まだ社史はかなり先の段階から僕らは付き合えたもんね。資料も見せてもらえたし、本当に花王は開かれた会社でよかったよ。佐々木君なんかは花王でうんと勉強ができたもんね。それで自分の経営学とか経営史というものを作り上げたようなものだよね。

本当に佐々木君は、それこそ花王に付かず離れず何十年もいたことが、社内経営史みたいなものの基礎になっているもんね。やっぱり会社があれだけ、ああいうふうにオープンなことはいいことですよ。

武田晴人君（東大）だってそうだよ。ずいぶん花王で勉強してました。大東英祐さん（東大）もそうです。花王では若い経営史家がずい分勉強しました。

私の長い人生で社史との付き合いはずっと続けていて、味の素と花王の二社は、長い間、付き合わせてもらったけど、本当にいい会社だったと思いますよ。ほかとはまるで違っていて、よく資料も見せてくれたし、それから勉強もさせてもらったしね。だから、武田君にしても佐々木君にしても、今、経営史の学問をしっかりできるのは、こういう会社との付き合いが長くて、よく研究したものが力になっている。

東京海上

●由井　東京海上は非常に独特の会社で、あれだけ大きくて、あれだけ影響力があって素晴らしい会社なのに、それこそ、こういうことは今では率直に申し上げてもいいと思いますが、まるで資料がない会社なんですよ。東京海上をやる時、僕なんかはうれしくてね、東京海上なら書き切れないなと思って行ったら、肝心の明治時代の記録なんかは日本についても海外についてもまるでないんですよね。あんなにいい会社、日本を代表する会社で、しかも優秀な経営者がいっぱい出ているのに。三菱紳士と言われたような人が何人も出たんですがね。

そのくらい東京海上はいい会社で、僕らは本当にエリートの会社だとばかり思って、東京海上の社史[7]はぜひやりたいと、ちょっと無理なくらいにお願いをして、本社ビルの部屋を拝借しました。あそこはもちろんいい会社だから、私なんかもしばらくはそこに部屋を取ってもらったくらい親しくさせていただきました。

それで考えてみて、よく調べてみたら、東京海上も不幸な会社で、何遍も本社を移転したり、水に浸かったり、焼けたり、いろんなトラブルにしょっちゅう遭遇していた。たしかに一時、大森に移ったことがあったしね。そういう時に資料がなくなっていた。

史料の乏しいことについては日本郵船も似ていますけどね。日本では、日本郵船、東京海上なんて素晴らしい会社に資料がないんですよ。そこへいくと、明治生命などはいっぱいありました。明治生命も第一生命もね。生命保険会社は、まだ資料がいっぱいあって、まだ書き切れないいろんなことがたくさんあります。

東京海上は、明治初期創業でエピソードは山ほどあるわけなんですけどね。東京海上ができた頃は、まだ史料の収集整理はきちんとしていないし、たいしてできてない。それから、東京海上の初期の間は利益が出ないのに配当をしているんですよ。損失があったって政府の助成金で配当をしたり、決算をしているんですよ。だから、初期のこととして客観的に見ると案外面白くて書けるんですけど、社史には書いていない。僕らも十分には書けなかった。そこまで自信がなかった。いろいろな事実がいっぱい分かったんですけど、東京海上はそういうエピソードで書きこなすだけ研究を徹底できなかったです。もちろん、東京海上の渡辺文夫社長は社史をやる時、「どうぞ、十分に書いてください」と。それで僕は渡辺さんに、ちょっとはったりを言っちゃって、「いや、もう東京海上なら一生書き切れないぐらい話があるでしょうから。いや、本当ですよ」と。渡辺さんは「楽しみにしてます」と言ったけど、結局、面白いものが出てこなかった。

その渡辺さんというのは、社長、会長が長かったんですが、そのお父さんの渡辺鉠蔵さんという人は学者で、東京商工会議所の事務局長もしたことがある（内外の経営学の文献を会議所に買い集めた）、すごく面白い人。それから労働争議がはげしかった東宝の社長にもなるというふうに、ものすごく逸話の多い人なんですよ。渡辺さん自身だって、すごく面白い経歴の方だしね。でも結局、東京海上はそういうふうに、楽しみにしていたけど、面白い側面を突っ込めず終わってしまったのです。

皆さんも山ほど経験されたでしょうけど、本当に会社によって、ものすごく大きな会社で社会的にも重要だけど、資料もなければ手掛かりも少ない会社もあるし、会社は大したことはないんだけど資料はいっぱいあったりしますね。

日本製粉と日清製粉

●由井　日本製粉などはいっぱい資料があるんですよ。日粉はまだまだどころじゃない。まだ、本当にやりがいがいっぱいあります。澤田社長もお金と人事をかけて資料を整理したいと言っていましたし、日本製粉はちょっと念頭に置いてください。資料があるんですよ。

日清製粉は戦争で焼いちゃったんです。粉は日本製粉と日清製粉はライバルですけどね。正田家の日清製粉は名門会社ですし、美智子上皇后さまの出身の会社ですからいい会社なんだけど、今の会社には資料がないんですよ。日本橋の本社が関東大震災でも焼いて、戦争でも焼いちゃった。要するに資料はないんです。ないわけじゃないけど、そんな貴重なものはない。何しろ日本橋の本社が焼けちゃっていますから。日本製粉は逆に焼けなかったんです、会社も資料室も。だから日本製粉は、まだ資料がいっぱいあって、若い人などは人生をかけるに値するぐらい資料はありますよ。

（二〇二一年四月収録）

1　五代家は、渋沢栄一の場合と同様に保有史料を活用して伝記資料の編集と刊行を土屋先生に依頼されてきた。

2　土屋門下のフリーの歴史家。

3　武田晴人『岩崎弥太郎―商会之実ハ一家之事業ナリ』ミネルヴァ書房、二〇一一年。同『岩崎小彌太―三菱のDNAを創り上げた四代目』PHP研究所、二〇二〇年。

4　東洋紡績七十年史編修委員会編『東洋紡績七十年史』東洋紡績、一九五三年。

5　宮島清次郎翁伝刊行会編『宮島清次郎翁伝』宮島清次郎翁伝刊行会、一九六五年。『日清紡績六十年史』については二四頁を参照。

6　花王株式会社社史編纂室編『花王史一〇〇年―一八九〇‐一九九〇年』日本経営史研究所、一九九三年。

7　日本経営史研究所編『東京海上火災保険株式会社百年史』上・下二巻、東京海上火災保険株式会社、一九七九‐一九八二年。

六　東京大学と各界の人びと

聴き手　阿部武司

東京大学の思い出

●由井　昭和二五年三月に東京の武蔵高等学校を卒業（準総代）、同年四月に東京大学に入学しました。ちょっと病気で休学して、二六～二八年と駒場（教養学部）にいまして、それから経済学部に入って、二八～三〇年には東大の本郷で土屋喬雄ゼミにいていろいろとお世話になったんですが、最初、駒場に入った時には、私はまだ経済学部に入る気は、まだはっきりしていなかった。昭和二五年に入る時は、むしろ知り合いと共に文二（文科二類）を受けていましてね。要するに当時は文学部志望者が多くて、だから入った時は文二だったんです。富永健一（社会学）、八木誠一、荒井献《ささぐ》（共に宗教哲学）らは駒場以来の長い友人で、専門領域では今や世界的に知られています。

駒場にいた二、三年は私の人生にとっては重要でした。だが、昭和二五、二六年当時の東大駒場は学生紛争がひどい時で、学校に行っても授業なんかないんですよね。学校の方も、まだ新制の制度がちゃんと整っていなくて、教育体制はずいぶん不十分でしたね。

例えば、私は経済学の授業を一、二年の時に駒場で受けたんですが、楊井（克巳）先生という担当はいいかげんで、雑談ばかりで、まったく授業の内容がなっていないんですよ。また二年の時も経済学を習っていたら、今度は大内力先生が初めて授業を持った時で、これもお父さんの大内兵衛先生の『経済学』（岩波全書、一九五一年）という本があって、それとそっくり同じでした。

それから駒場での哲学とか社会思想史とかという主たる授業は、旧制一高（第一高等学校）の先生が持っているものそのものでした。どの授業に出ても、ほとんどアリストテレスの話なんです。だから、名前が哲学であろうと、社会思想史であろうと、倫理学であろうと、中身は似たような内容なんですよ。それで、あこがれた東大って、なんてつまらないところだと思ってね。どの講義もみんなアリストテレスで始まって終わってしまうんですから、旧制一高のかの有名なデカンショ節と同じだなと感じました。

僕は倫理学では、あの頃はすごく価値観が混乱していますから、人間にとって「倫理」とはどういうものかを学生として切実に知りたかったんですよね。社会思想史も、まさに社会の思想史なんだから、担当の淡野（安太郎）先生に期待もあり、魅力のある授業だと思ったものの、これもアリストテレスの話だけで、カントも論じられませんでした。何よりも先生の方も、旧制一高の先生は新時代の学生に対する情熱ややる気に欠けており、多くは学生にとってまったく雲をつかむような話で、授業は味気のないものでした。結論は、現代の哲学は、ヘーゲルとキェルケゴールの統合にある、とのことでした。

そのうちに学生の方ではストライキが起きて、レッドパージ反対とか、授業料値上げ反対とか。しょっちゅうストライキが起こるようになって。ストライキが起こると、学校側も体制が全然できていないんですよ。クリスチャンの矢内原（忠雄）先生が総長になっていたけれども、足繁く駒場に来ても、ストライキの現場でどうしていいか分からないみたいでしたね。

また学生の方も、まだストライキにはあまり慣れていない。学生運動の方もちゃんとしていないし、学校側もちゃんとしていないし、ただ、いたずらに学校の正門のところに学生が皆集まって、二時間も三時間もただ入れなくて、学生側がストライキをしているのか、学校側がロックアウトをしているのか、よく分からないようないいかげんな状態でしたね。

後の大学紛争の時代になって、南山大学のヒルシュマイヤー学長は、たとえ学生が多数決の決議をしても、「学生にはストライキの権利がなく（殺人の多数決は無効）、多数の決議も無効」との明確な意見と毅然とした態度でおられて、これには私も眼から鱗《うろこ》が落ちた感がしました。

まったく東大の一、二年生の時は混乱時代で disappointing でした。教室に入ってもちゃんとしていなくて、教室で「今日は休講だから、みんなで自主的に議論をするように」と言って先生はいなくなってしまうのが常態でした。自主的というと、だいたい民青（日本民主青年同盟）系の学生が一人二人いて、積極的に民青系が話をして、それに対してノンポリで真面目な学生が一人二人いて、それが学生はストライキなんかはすべきではないみたいな議論をしていました。一日中そんなことをやっている。誰もが「広場の孤独」を感じ、実存主義的気分に悩まされ、部活やアルバイトに時間をついやしていました。

たまに行われる授業も面白くないし、学校の体制もいいかげんで、学生運動が起こってどうしていいか分からないみたいでね。教授会の人たちは、どこかの部屋に集まって不毛な議論ばかりしているようでした。要するに対策をはっきり打ち出せず、明確な態度もとれていないんですよ。

私の経験を話させていただくと、当時駒場の文二には私を含めて文学青年的な他愛のない学生が多かったのですが、たまたまある程度知られた文芸評論家1の門をたたいたところ、すげなく断られました。文学に天分がないことを改めて切実に反省し、文学部から経済学部に志望を転換するとともに、ちょうど本郷に復職された土屋喬雄先生（日本経済史）がゼミ学生を募集されているのを知り、早速応募して幸い採用されました。高名な土屋先生の鞄《かばん》持ちをしていれば将来も何とかなるだろうというのが、社会人となっていた私の兄達の意見でした。それで本郷で二年間土屋ゼミ員であった後、卒業を前にして、土屋先生から大学院で引き続き勉強を続けたらどうかとのご推奨をいただき進学を決意しました。

我々の仲間で一緒に東大の大学院に行ったのは、西洋経済史の関口尚志《よしゆき》君と大河内暁男君、日本の方では私と杉山和雄君、以上四人が経済史で大学院に入ったんです。関口尚志君は非常に優秀という評判で、大塚（久雄）先生がかわいがっていて、イングランド銀行の研究をするんだと称していました。大河内君はお父さんはのちの東大総長の大河内一男先生だったから、しっかり勉強しているうえに、大塚先生も手取り足取りで新しいテーマとしてイギリスの重工業史の研究をみていました。

僕と杉山君は、西洋史の連中がうらやましいなと言っていたんですが、関口尚志君はそのうち学生運動が長引くと、今度は学校側のスタッフ、特に総長の秘書みたいな仕事をするようになってしまい、学校に来ても非常に微妙な立場にあって、次第に大学行政のうえで大変重要な人物になるようになりました。

院生の時からです。どこかが気に入られたんですね。つまりラディカルな学生にも案外気に入れられて、関口君は真面目で誠実な人間じゃないかと思われて、学生からも学校側からも誠実な人間じゃないかと思われ、双方から信頼されたようです。

学生のストライキの場合も、現実の場ではどんな状況でも対外的に連絡する。現場で誰かが何かしなければならないですよね。それに関口君がぴったりだってわけです。それで総長の秘書みたいになっちゃって、しょっちゅう学生と会って学生の動向を把握する。やがて、関口君は学校に泊まり込みで、学校側の代表で学生と会う立場になっちゃった。これまた問題ですね。院生として勉強のために学校に来るのではなくなっちゃった。

大塚先生は、関口君に「イングランド銀行をちゃんとやれ」と言われたんですね。イングランド銀行の研究は、まだ日本でちゃんとしていないが、東大の資料にこういうものがあるから、それらをしっかり勉強するように指導することになり、関口君もイングランド銀行史を本格的に勉強するつもりで図書館にも通い始めていました。

そして授業になると、先生の前の最前列に関口君が座るんですよ。隣には大河内君が座って、教科書を積んで、二人とも最前列にいた。お昼休みになると、関口君が職員の人たちとバスケットをやっているんだよね。それでちゃんと授業にも出て、大塚先生が言ったように勉強しているし、僕なんかは劣等感を感じた。あんな秀才然としててね、なんて思っていたら、そのうちにラディカルな学生にも信用されて、それはよかったんだけど、そのうちに今度はそれが専門化して職業みたいになっちゃって、勉強はあまりできなくなった。

そんな妙な時に学校に入って、私どもの学生時代は、授業が正常化せず、大学での勉強は惨憺《さんたん》たるようなもので、駒場は終始ちゃんとした授業は受けられなかった。

東京大学経済学部の先生方

●由井　土屋喬雄先生は昭和二八年に復帰してきた。それまでは教授会からパージになったりしたんですよね。教授会の中で、メディアの勢力の中で、両方からパージされて、土屋先生自身は昭和二八年まで授業ができなかったんですよ。それがようやく話がついて、土屋先生は講義することになった。

昭和二八、二九年は画期的で、大塚先生が西洋経済史、日本経済史が土屋喬雄、経済原論は山田盛太郎というメンバーがそろい、ほんの一寸の時期ですが三大学者が一応整ったことがあったんですよ。ちょうど僕はそこへ入ったから、土屋先生も大塚先生も山田先生の授業も聞けたんです。そういう非常に恵まれた時に、ちょうど進学した。もっとも大塚先生は、片足切断の大手術を受けて講義の方は、松田智雄先生が代理で講義をされました。ちゃんとした内容でした。私は、その後まで松田先生には講義外でも、造詣の深いワグナーの音楽までとてもお世話になりました。

山田盛太郎先生は、もうすでに講座派の大家で、来たるべき革命のリーダーみたいでね、『日本資本主義分析』（一九三四年）という本を岩波書店から出している。そこに書いてあることは、革命が起きた時の革命の仕方が書いてあるんですよ。どこに武器庫があるとか、どこに電信電話があるとか。

森川（英正）さんはするどくて、「この本に全部、革命が起きた時の戦略の展開の仕方が書かれているんだ」と言うわけです。文章が難しいから、伏せ字にもなってなくて、「『日本資本主義分析』ってあるけど、革命が起こった時の革命行動の仕方が書かれている」と言う。そう思って森川さんが言うように読んでみると、そういうふうに書いてあるんですよね。それで山田盛太郎先生も授業をやられていました。

ちなみに当時の経済学部のスタッフの主な教員は前記のお三方のほか有沢広巳（統計学）、脇村義太郎（貿易論）、大河内一男（社会政策）、隅谷三喜男（経済政策）、舘龍一郎（金融論）といった方々でした。有沢、脇村の両先生は高名でしたが、政府の仕事で多忙で休講ばかりでした。全体として経済学はマルクス経済学が支配的であったので、兄が学んでいた慶應義塾で「マルクス死後五十年」を小泉信三塾長が切々と学生に訴えているのにも情熱を感じましたね。ほかに東大では「近代経済学説」担当の、若手の古谷弘先生がおられ、溌溂とした学識と態度で我々の期待を一身に集めていました。それが伊豆の海岸で奇禍にあわれて夭逝された。東大の新しい芽がつまれてしまい残念至極でした。

山田盛太郎先生の授業も、土屋喬雄先生の最初の授業も僕は出ていたんですよ。経済原論の授業に出ましたら、山田盛太郎先生は開口一番、「十八世紀は十七世紀に対する勝利であり、十九世紀は十八世紀に対する勝利であり」、と。つまりイギリスの革命は十八世紀の十七世紀に対する勝利で、フランス革命は十九世紀の十八世紀に対する勝利であり、ソ連の革命は二十世紀の十九世紀に対する勝利だと。今からみると、あまりに単純な歴史の必然論ですね。

要するに、そこでそれぞれの時期にそれぞれの英雄が出て、ボリシェヴィキがメンシェヴィキに勝てたのはレーニンの功績である。マルクス、レーニン、スターリン。最後が良くない、スターリンになってしまいました。「マルクス、レーニン、スターリン」と黒板に大きく書きまして、マルクス、レーニン、スターリンによって、十九～二十世紀は、それぞれこの三人の社会科学の英雄によって時代が開かれたという話でしたね。

僕はびっくりしまして、東大の経済原論の授業でこんな話がされるのか、そしていったいどこから経済原論が始まるのか、と思ってね。価値論でも何でもないんですよ。史的弁証法の世界なのですかね。それで始まって、それで黒板に大きく、何かと思ったら絵を描かれた。レオナルド・ダ・ビンチの『最後の晩餐』でした。対角線に自分の手を置いて、ここにイエスがいて、イエスの弟子たちがどこにいるかというように描かれ、これがユダと。それは何のために描かれたのかよく分からないけど、ともかくそれを黒板に大きく描かれた。そういうものの教養が必要で、それを信じろというわけですがね。ひどく権威主義的なものでした。

経済学の授業の冒頭がそれで、僕らはみんな度肝を抜かれた感じでした。また山田盛太郎先生という方は大真面目な顔をしてやっているんですよ、にこりともしないでね。一方で、映画も好きで趣味人なんだね。趣味人だから『最後の晩餐』の絵を黒板に描きたいんだね、今から見るとね。自分の教養を見せたかったのかもしれない。だけど、『日本資本主義分析』の本を書いている人だから。たしかに、さっき言った昭和二七〜二八年までの時は、「日本資本主義は指で押せばすぐ崩れちゃうような崩壊状態にある」というわけですね。だから経済学は資本主義構造の崩壊の本になるわけだ。

それで、大学院一年に入った時かな。安藤（良雄）先生の現代日本経済史の授業を受けたら、安藤先生が井上（晴丸）・宇佐見（誠次郎）著の『危機における日本資本主義の構造』（岩波書店、一九五一年）という本を教科書に指定して、あれをみんな買って持ってこいと言うわけ。あれも大真面目に、危機における日本資本主義を論じている。もうひと押しで崩壊するわけだから危機なんだね。

先に出ていた大作の『日本資本主義講座』なんか読まなくたって、これに要約的に書いてあるよなんて言われていました。『講座』は案外、値段が高くてきれいな大部の本で、部屋や研究室にぴかぴかのやつを机の上に置いていたら、土屋先生が脇を通って、ちらっと見て、「こんな本、君、書いてあることは分かってるよ。全然、読む必要はない」って言っておられた。それはそうでしたね。

それで僕らも気が抜けちゃいました。『日本資本主義講座』全十巻および別巻は岩波版です。僕ら当時の学生は、みんなあれをそろえてね、下宿に行くと、机の上に並べて置いたものです。だけど、土屋先生は書いていないし、編者でもないし、全然ばかにされてるみたいだったからね。現状肯定的な労農派の先生の著作は入れてもらえなかったわけだ。あれはだいたい講座派の人たちでまとめていた。事実、資本主義の危機は現実であり、だから、書いてあることは、資本主義は体制の危機にひんしており、矛盾が高まっているという論旨の論文集ですね。土屋先生はばかにして、自分が編者でないことを、むしろ誇りにしておられた。

土屋先生は僕に会うと、大塚先生の話と大河内先生の批判が多かったんですよ。大塚先生はもとより講座派として当然ですが、学部長の大河内一男先生は世渡りがうまくて、どういう人間かよく分からないんだと。土屋先生によれば、僕なんかは、ああいう世渡りはできないから、こんな右からも左からもパージになってひどい目に遭ったと。

それでも土屋先生が最終的にパージ解除になった時、東大の現職に戻したのが大河内先生ですよね。それで大河内先生が来て土屋先生に「東大に戻ってほしい」とのことで、それから土屋先生に「博士号がなかったら、博士を二つも三つも出したい」との話をされた。土屋先生ご自身は、博士号は『封建社会崩壊過程の研究』（弘文堂書房、一九二七年）ですでに頂いている、そんなことを言っておられましたよ。

ですから、本郷の学生でいながら、暗い気持ちにもなりましたね。僕らも尊敬していた大河内先生も、土屋先生から見ると二股行為をやる男だとか、偉い先生もどうも偉くないみたいで、誰が偉いかよく分からない。そんなわけで暗い気持ちになったことをよく覚えていますよ。

●阿部　今から、もう五十年近く前ですが、私が学生だった時には、『日本資本主義講座』はさすがに誰も読まなくなって、古本屋で二束三文で売られておりました。

●由井　ああ、古本屋で束になっていましたね。

●阿部　ただ、『危機における日本資本主義の構造』は、私が大学生の時にはまだ売れていまして、ありがたがって読んでいた時期がありました。内容はよく分からなかったのですけれども（笑）。

●由井　昭和三〇年に大学院に進学しました。土屋先生は日本経済史で、現代日本経済史が安藤先生の担当でした。安藤先生がやってきて「教科書にこれを使うから」と『危機における日本資本主義の構造』って決めていたんですよ。それを後から土屋先生が来て、せせら笑ったんですよ。「こんな本、読まなくたって中身は分かっているんだ」と（笑）。私ども院生仲間では、高橋亀吉『大正昭和財界変動史』（東洋経済新報社、全三巻、一九五四年）が現代日本経済史の実績として評価が高かったのですが、安藤先生にあっては、「町の経済学者」の仕事という評価にとどまりました。一方、土屋先生は高橋亀吉さんの仕事は大いに評価していました。

だけど安藤先生は器用な人だから、そうなると学生に講義をするこつは知っててね。それで安藤先生に僕らの下級生は皆、「スクラップ先生」というあだ名を付けているんですよ。要するに新聞のスクラップのような講義だったわけです。現代日本経済史と言っても、中身は新聞のスクラップのような内容で「スクラップ先生」だと称していたけど、安藤先生はそんなに言われても全然びくともしなくて、それなりの講義をしていましたね。

土屋先生は、東大現役二年で、もうすでに定年直前だった。学生からは、ものすごく人気があって、土屋先生が戻ってきたというわけで教室は満員だったのですが、授業は毎回同じ三井八郎兵衛の話でつまらなかった。肝腎の論争のコメントはまだまだ資料が不十分一本でした。最初はいっぱい、はちきれんばかりの学生でしたが、行くたんびにどんどん減っていくような状態だったけど、土屋先生自身は大真面目でね、「僕はあと一年で辞めるけど、後任は誰かということで重要問題があるんだ」と。経済史は日本経済史と現代経済史と二つに分けて、現代経済史も大正・昭和経済史で、これを安藤（良雄）君に持たせて、従来の日本経済史は江戸時代から明治までにして、これは山口（和雄）君を連れてくるからとのことでした。

それから、僕もぎょっとしたのは、「渋沢（敬三）先生もそう言っているんだよ」と。東大教授の人事でも渋沢先生に相談しているんだなと思ってね。「渋沢君もそれがいいと言ったよ」と。山口君はこっちが勧めた仕事は必ずやってくれる、とてもいい仕事をしていると。終始、漁業史の研究をしたけど、それを渋沢先生が勧めたんだというわけです。
「アチック・ミューゼアムには各地の一次資料がいっぱいあるから、それを使って逗子などの漁業をやりなさい。それから君は千葉県だから、九十九里の漁業の研究をして、それをまとめたまえ」とか、「自分は漁業が好きだし、山口君に勧めると、翌日から現地に出掛けていって資料を集めて、必ずそれをまとめて来て報告してくれる」とか。だから山口君は、ちゃんと仕事をした、と評価されていました。「彼は仕事の差別をしない。どんな仕事も、『やりたまえ』と言うと、ちゃんと資料を集めて、それを克明に分析して報告して、はったりとかスタンドプレーは全然ない。ああいうのが、君、学者だよ」と、渋沢先生が言っておられたそうです。それで山口先生に決まったんですよ。

あの時、土屋先生は、どこに行っても話題の人だったんです。だから土屋先生が昭和三〇年に（東大を）辞める時は、その後は誰だというのは学生まで議論していたもんですよ。誰が、その後任になるんだろうと。

それで、誰にとっても山口先生というのはすごく意外だったんです。北大（北海道大学）で決まっているみたいだったから。山口先生は北大へ行って十年いて、もう北大にすっかり足を突っ込んで座っちゃった人で、そんなに東京に出てこないしね。だから、学生なんかはあまり知らないですよ。山口先生は北海道の研究もしていたしね、北大教授で一生を過ごすつもりでした。本人だってそのつもりだから、誰もそう思ったんですよ。

だけど、土屋先生が最後になって、「安藤君は、今、担当の講座があるから現代経済史。それで山口君を北大から連れてきて、僕の後に据えるんだ」と、みんなに宣明しましてね。みんな、その時はびっくりしました。

でも、言われてみれば、山口先生の『明治前期経済の分析』（東京大学出版会、一九五六年）はいい本ですね。僕らもあれを読んで、山口先生はいい仕事していると思っていた。あれは、たんなる論文集ではない。明治期の経済報告書の分析であり、一つ一つの章が相当磨かれていますね。

●阿部　昭和三〇年前後ですと、北海道大学におられた山口先生には、東京に出てこられるのも大仕事だったのではないでしょうか。竹内理三先生の追悼録[2]を読んだことがありますが、敗戦後九州大学におられて、東京のお宅から今でいう単身赴任をされていたそうですが、非常に大変だったことがうかがわれました。そういう時代背景もございましたでしょうね。

●由井　そうでしょうね。決まってみれば、それはたしかに山口先生がいいや、と僕らも思いました。で、山口先生は東京へ来て、家を探して、渋沢先生の縁でちょうど三田に家が見つかった。

●阿部　山口先生の東大へのご移籍には渋沢敬三先生が決めてくださった面もおありなんですね。

●由井　ええ。ああいうところは渋沢さんの偉いところですね。後で聞いたら、渋沢先生はアチック・ミューゼアムを建てて、要するにみんなを集めて、一人一人に自分の研究を発表させるんですね。それをすごく楽しんでいて、みんなが自分の調べてきたことをしゃべる。それはもっぱら実証レベルの話で、壮大な理論の話じゃなくて。それに山口先生はしょっちゅう応えて漁業をやってきた。漁業の網の話とか、漁法の進歩の話とか、そういう話をして、それを渋沢先生はとても面白がって一生懸命に聞いていたというんですよ。

●由井　この前、渋沢雅英先生に会ったら、アチック・ミューゼアムの出身で、博士がとうとう十人出たんだってね。そうしたことを渋沢敬三先生も大変喜んでいてね。ご自分がお元気な時に五人だか六人博士が出て、それを僕らも土屋先生から聞いていました。だからアチック・ミューゼアムも立派な仕事をしていたんだ、と思いました。

●阿部　宮本常一先生もアチック・ミューゼアムにおられましたよね。

●由井　ああ、そう。宮本常一さん。アチック出身で博士なんですよね。だから、そういう点は、たしかに渋沢先生は偉いですよね。先生は、あそこの門下生から、自分が調査してきた話を聞くのが楽しみだったんですって。

●阿部　宮本常一さんのお書きになったものでも、渋沢先生から「こんなことをやったらどうか」というのでやってみて、成果を上げた、というお話が出てきますね。

●由井　仕事は人ですよね。渋沢先生が大蔵大臣になる直前に、日銀（日本銀行）総裁の時に、三菱の岩崎家出身の奥さんが家から出ていっちゃったんですよ。出て行った時から、マスコミが渋沢先生と新橋の芸者を結び付けて面白おかしく話をでっち上げていたけど、うちの家内があそこのお嬢さんと聖心で同級生で、その娘さんが、「母は家を出たけど、ちゃんと外資系の会社に勤めていて電話はできる」と言っていたそうです。だから家を出ても、ちゃんと働いているとのことでした。

出ていったのは、渋沢さんがご自分の家に帰ってきても、土曜日になるとどっかに行ってしまって日曜日の夜まで帰ってこない。帰ってきても、そういう昔の草履とか農具のようなものばかり持ってきて、自分の応接間に並べて、山口さんたち、宮本さんたちを集めて楽しんでいる。歌舞伎や音楽会などには全然連れていってくれない。あまりにひどすぎる。それで「母は、ちょっと懲らしめなきゃ駄目だ、というんで出ていった」のだそうです。

●阿部　渋沢先生は、そういうご研究をされたかったんでしょうね。一番ご関心がありましたからね。

●由井　やりたかったですね。

●阿部　大蔵大臣などではなくてですね。

●由井　そうそう。本人が民具の研究をやりたかったんです。実際には何の権限もない日銀の金融でなく。楽しかったんですよ。しかし、奥さんにしてみれば、応接間のいいところに、わらじや何かを並べて、みんなを呼んでね。きれいなものを買ってきてくれるんじゃなし、自分はほったらかしだし、それで、出ていったっていっても、もちろん、ただ逃げ出したというんじゃなくて、ちょっと見せしめのようなつもりで出ていったんですって。それが正確なところでしょうね。

そのちょっと後、土屋先生が朝日賞を取った時にパーティーがあって、僕は受付の方にいて、渋沢先生が最大のお客でした。そうしたら渋沢先生がやって来たのですけど、本当に着古した洋服を着てやって来て、その姿に驚いちゃったんですよ。ネクタイなんかくしゃくしゃ。洋服なんか、全然、見たところは子爵どころじゃない、よれよれの格好をして来たんですよ。

だから、本当に渋沢先生は、ある意味では半分世捨て人みたいなところがありました。ニヒリストみたいになっていた。だから、新橋でどんちゃかやってるって言ったって、新橋に女性がいて遊んでいたというよりも、そういうところに政府高官を呼んで無心で踊りや歌を歌っていた。やはりニヒリストみたいですね。夜に行くところがないから、うちに帰ったってつまらないから、新橋へ行って、美空ひばりの歌なんかを歌ってやってたんですよね。

僕は、それがずいぶん気になって、数年前に渋沢先生のことを研究するように言われたから、その時の芸者さんと会いたいと言ったら、雅英先生が呼んでくれた。そうしたら八十代の新橋の芸者さんが三人ほどやって来て、一人は僕らも見たことがあるんだけど、あとは、渋沢先生が懇意だったという、もう九十ぐらいのよぼよぼのおばあさんが来た。

だけど、やっぱり芸者さんだね。呼んでヒアリングをしたら、相当なものを請求してきたよ。やっぱり玉代とか。そういう新橋の芸者さんのしきたりですね。もちろん、それはかかると思ったから、最初から予算を計上しておきました。そうしたら渋沢（雅英）先生はもちろん承知していて、それは払って話を聞いたけど。そんなことがあった。

僕らが聞いたその話が面白おかしく伝えられて、マスコミなんかも、渋沢先生は芸者の中で好きなのがいるって、そこで泊まってるんだ、なんてうわさもあったけど、事実はそんなんじゃなかったです。

中曽根康弘氏の思い出

●由井　私が大学院生の時、兄貴が通産省で高碕達之助通産大臣の秘書をやっていました。そこへ僕が訪ねに行ったら、中曽根（康弘）先生が「大臣いるか？」と言って、ぬっと入ってこられた。それで、うちの兄貴が「ご紹介します。ここにいるのは弟で、東大の経済学部の院生です」と言ったら、中曽根さんが僕を見て「へぇー」と言って、「君、安藤君が教授になったって言うけど、それは本当かね」と僕に聞いたんです。「いや、本当です」と言ったら、「安藤君が教授なら、僕は法学部の教授だね」と言ってね（笑）。

それはすごい面白そうに言って、「君は経済学部の院生かね。じゃあ君にいろいろと聞きたいから」と言って、それで衆院議員会館に僕を連れていきました。以来、中曽根さんとのご縁ができました。

中曽根さんは真面目で、国会ですごく積極的な議論をしていたけど、自分は学生の時に、ついきちんと勉強する機会がなかったと言うんです。兵隊にすぐに行ってしまって。それで帰ってきて、すぐに立候補してしまったから、きちんと勉強する機会がなくて、特に肝心な思想史に弱いんだって。だから、「本当に一種の西洋思想史に弱くてヴェーバー（Max Weber）なんかも知らないんだ」とのことでした。「でも、やっぱり知っている必要があるから、分からないことがあったら、君、教えてくれないか。君は、今、院生だから、一生懸命に勉強しているんだろう」と、それでひとまわり年上の中曽根さんとの知己になった。「まあ、たいてい寄ってくれよ」と言うんですね。

それで中曽根さんは分からないことがあると、「国会に当選していたのでバッジがあっていつでも入れるから。国会図書館に行く。国会議員で図書館を使っているの、僕ぐらいで誰もいないでしょう」と言って、実際しょっちゅう使っていた。「知らないことを、国会図書館ですぐに調べるから、ちょっと君、たびたび教えてくれよ」と。それで僕と中曽根さんとの関係ができたんです。

中曽根さんはすごく率直で、「それこそヴェーバーの何とかも全然知らないから、どの本を読めばいいか教えてくれよ」とかね。

その中曽根さんが「安藤君が教授なら僕だって教授だよ」と言ってね(笑)。二人は同期で一緒に海軍に行ったんですって。二人とも一緒に中尉になったけど、安藤君は本省にばかりいて、一歩も霞ヶ関の外に出なかったと言うんです。それで、自分は最前線で、第一線で何度も実戦を戦った。ボルネオ島で現地の治安の維持のことをやって、食べ物がなくて、ワニを銃で撃ち殺して部下と一緒にそれを食べたりしていたんだよと。「東京から離れないんだよ、安藤君は」なんて言ってましたね。

それで、最後に沖縄の時に、この話はあまり誰も知らない話だと思うんだけど、とうとう最後の段階で、戦闘機で体当たりして死ぬ特攻隊の兵士たちの最後を見送ることを思いついたとのことでした。中曽根さんはその特攻隊が出る基地を全部回って、それを緒方情報局長と一緒に全部訪問して歩こうと思ったって言い出したのですね。自分が乗るから、やられれば自分も死ぬ覚悟です。それで案を作って、その案を上申書として本省に持っていって、それを上申しようと思った。それで自分も一緒に行くから、各地の特攻隊回りを、ぜひ、させてくれと頼みこんだ。

そして、霞ヶ関の海軍省の本省に願書を持っていったんだって。もちろんそんな意見を申し述べるなんてできない。待っていたら、やっぱり玄関で「何だ?」というわけで、これを持ってきたら、「そこに座っていろ」と。それで上の人が来て、「そこに立ってろ」と言って、中曽根さんはバーンって殴られ、「おまえは帰れ」って言われたんですって。それはできないことですよね。

その件を安藤先生は、その場にいて知っていて、僕らに「中曽根は本省で殴られたんだよ」と言って、いかにも中曽根というのはおっちょこちょいで、こんなばかなことをしているんだから、海軍省の中で嫌われて殴られたって話をしていました。僕はその後、何十年もたってから中曽根さん自身に聞いたですよ。「それは本当の話ですか」って言ったら、そうしたらそんな話で「僕は殴られた。いけないことは百も承知だけれど、それを書いてきたんだ」って。そうしたら、ボンと殴って（海軍での譴責処分）、「帰れ」と言われた。

それはすぐに沖縄での戦争が始まる時で、沖縄に飛ばされるのを覚悟したって言うんです。それで、沖縄に飛ばされるのを覚悟して鹿児島に帰った。ところで当局では、要するにちゃんと譴《けん》責《せき》したというわけだね、海軍省の中では。そういう不心得がいたら。だけど、中曽根は重要な人間だから生かしておきたい、殺してはまずいと。それで高松の比較的安全なところに転勤させられたらしい。

それで高松の何もないところに転勤して、やることがないから、平和になったらお茶が社交上不可欠となる、と思ってお茶の勉強をしていたら終戦になって、戻ったんだと。面白い話ですね。それで、安藤先生はそれを知っていて、中曽根はぶん殴られたって。中曽根は目立ちがり屋でやり過ぎだから、ぶん殴られたんだって言って、その話を僕らに盛んにしました。中曽根さんに会ったら「いかにもそうだ」と本人は言っていました。そのいきさつは本当の話でした。こんな面白い話を聞いたことがあります。

だけどね、安藤中尉と中曽根中尉は、ともかく海軍では有名だったんですね。やはり目立ちますからね。安藤先生も賢いから、本省の中心のところにいて、各省庁を回っては、さっき言った資料を集めていたんですね。だから、いい資料、戦争中の物動（物資動員計画）の資料は自分のところへみんな持ってきたわけ、安藤先生らしいですよね。だけど自分で分析はしなかった。持っていただけで積んでおいたというわけです。長くいたわけではないけど、当時の資料を集めていたんだね。それは役にも立ったんでしょう。

僕は偶然、そのお二人と親しくなったのです。安藤先生はそういうことで、指導教授としては気持ちの中で重い存在になったんですけどね。

関口尚志氏の思い出

●阿部　先ほどお名前が出た関口先生も、ずっと東大におられました。私も関口先生の授業を拝聴しました。まさに正統的な大塚史学という感じで、大塚先生のおっしゃっていることを忠実に教えていただいて、分かりやすく、大塚先生のお書きになった文章の言葉遣いまで――「すぐれて何々的な」というような―よく使われていました。

●由井　大塚先生は関口君をとてもかわいがってね。いつか行ったら、関口君が大塚先生の原稿を書いていましたよ。大塚先生が書き出して乱暴になっていた文章を清書していた。ご自身の論文の清書をさせたんですよ。そこまでやっていたんですね。

大塚先生は何となく、大河内（暁男）君は使いにくかったというか、やっぱりお父上が総長だったから、そこまではやらせたくはなかったんでしょうね。むしろ関口君のほうが忠実なお弟子の感じでしたよ。

でも、二人とも意外なことになってしまった。関口君は戦争中、田舎の中学に疎開してきていて、私の母校の長野県佐久の野沢中学へ一年間来ていたんですよ。それで、そこで関口君をちらっと知っていたんです。そうしたら、また大学で一緒になっちゃった。関口君は、大学院に入る頃、大塚ゼミで一生懸命に勉強して、優等生を絵に描いたような生活を送っていましたね。

皆さん知らないけど、大学院の教室といっても最初はちゃんとしていなかった。彼は、先生の机の手前の、一番前の席に最初から座っちゃって、そこへ本を積んでおいて、ほかの人は座れないんですよ。関口君は、そこに自分の本とノートを置いている。だから、一番いい席は関口君の指定席みたいになっちゃった。関口君はそこでいつも勉強して。そうかと言えば、お昼は必ず職員の人とバレーボールをやって、それからたびたび夜はおしゃれして、N響の会員券を持っていて、コンサートには必ず行っている。だから僕から見ると優等生すぎる感じでしたね（笑）。

それで、研究はイングランド銀行をやることに決まっていて、だから大塚先生も、金融については関口君に全部やらせるという感じでしたよ。だけど、その後関口君もそんなに勉強しなかったんだ。途中までやっただけで、イングランド銀行の研究はついに完成できなかった。論文は幾つか書いたけど、イギリスの方でいい本がずいぶん出て、その後は out of date になっちゃった。だから関口君は、次第にやることがなくなっちゃったんですね。彼もかわいそうだった。彼は逆に東京大学のアドミニストレーションにあまりにも信用されすぎましたからね、学校側からも学生側からもです。

●阿部　東大のご定年前の頃も行政で活躍されたようですね。総長補佐のような重職に就かれて、一生懸命やっておられたと伺ったことがあります。

●由井　ええ、総長にしたら使いよかったんじゃないですかね。ああいう人だから学生からも信用されるから誰よりも学生とのパイプに使えたのでしょうね。

僕は、その後、ずっと関口君とは会うこともなくて、もう二十年も三十年もたってから、僕がイギリスのロンドン大学で勉強していて、SOAS（東洋アフリカ研究学院）というところで何かいいかげんな発表をしたんですね。そうしたら、関口君が、その後やってきて、それで、「いや、久しぶりじゃない」って言いましてね。院生時代は本当に親しかった。

いつぞやラジオか何かで西洋経済史の番組に出ていた。たまたま聞いたら、やっぱり関口君は真面目で頭がいいから、とてもいい講義でしたよ。きちんとしていて感心しました。その当時には会っていなかったのですけどね。

僕は関口君に、何とか連絡をつけて、「大河内（暁男）君をしのぶ会」を勧めたい3。お葬式には誰も行っていないのです。僕は、この間彼のお宅に行ってみたらお嬢さんがいて、誰か来たかと聞いたら、いや、誰も来てないという。大河内先生の家は草ぼうぼうで、軒先は傷んで、もう廃屋みたいになっていた。

●阿部　先生の同級生として関口、大河内の両先生のお話を伺いましたが、少し下に、前からお話が出ている三和良一先生がおられますね。

●由井　三和君は僕より二級下ですね。三和君は、青山学院大学に長く勤めておられましたが、あの人は真面目だから、青山（学院大学）で次第に行政の側からも組合の側からも信用され、そのあげくサンドイッチのような難しい立場に立ち、精神的に苦しんだと思います。一時、具合が悪かったんだけど、その後、すっかりまた元気になってね。何よりです。

三和君とは、僕は一緒の仕事が多くてね。もちろん信頼できるパートナーでした。社史の仕事はよく一緒にやりましたね。

伊牟田敏充君はとても優秀な人で、人間もかわいらしくて、僕も親しくしていたんですが、俳句の名人でね。伊牟田君は入院して代々木病院というところに見舞いに行ったら、女性がいっぱい来ていて、伊牟田君は女性の友だちが大勢いるって笑いました。俳句の仲間の同人だって言ってね。経営史研究所のスタッフとも親しく、仕事も一時は結構やっていた。何とか健康が回復してほしいですね。

関西電力と芦原義重氏

●阿部　話が変わりますが、橋本寿朗さんや橘川武郎さんが執筆した『関西地方電気事業百年史』（関西電力株式会社内関西地方電気事業百年史編纂委員会編集・刊行、一九八七年）は名著ですね。その後宮本又郎先生、沢井実さんと私の三人で書かせていただいた『関西電力五十年史』（関西電力五十年史編纂事務局編、二〇〇二年）が関西電力から刊行されましたが、由井先生は同社の社長・会長を務められた芦原義重さんとの対談集[4]を出版されていますね。

●由井　芦原さんは部長の時から小林庄一郎さんと内藤千百里《ちもり》さんの二人をよく使ったんですよね。二人ともタイプが全然違っているけど、小林さんは内政担当と言い、内藤さんを外交担当と称して、二人とも仲良くやることが大事だと言って、最初はよかったんですがね。二人とも仲良くやって。だけど、そのうちに二人ともライバルになってしまって、途中から相手をライバル意識から、今度は憎しみになってしまいましてね。僕は内藤さんもよくないと思いました。内藤さんには、もっと上品になってもらいたいと思ったんですけどね。途中から、その二人の関係がおかしくなって、それが小林さんによる芦原代表取締役相談役名誉会長と内藤副社長の解任という大事件までになってしまいました。

芦原さんは、小林・内藤は両方フィフティー・フィフティーでやるんだと盛んに言っていて、本当に両方とも、少なくとも僕らに対してはフィフティー・フィフティーで、両方のいいところを使っている感じでしたよ。

だから芦原さんは、やはり戦前の人ですよ。小林一三の弟子だと称しているけど、戦前の実業家なんですよ。つまりお金なんかも大ざっぱで、何しろ驚いたのは、関西の芸妓《げいこ》さんがみんなでお伊勢参りに行きたいと言ったら、「よっしゃ、連れていってやる」と言って連れていったらしいですね。戦前は、そういうことは別におかしくなかったけど、戦後はまさかそこまでやらないから、芦原さんというのは、そういうところは戦前の経営者で、戦後になってもそういうところがあって、ちょっと大まかすぎてね。ただ、芦原さんは僕は経営者としては優れていたと思う。関電という合併を経てできた巨大な会社をちゃんと綿密に合理的に経営されたのですから。

たいした能力ですね。あの人は関西の戦後の発展には不可欠でしたね。芦原さんは一人で技術者を組織化していた。そのグループで本四架橋（本州四国連絡橋）をやるとか、同じグループで東京湾横断道路をやるとかいう、技術者のグループがあるんですね。それは芦原さん直轄みたいになっているんですよ。その連中は芦原さんを通じて大プロジェクトに組織されるメンバーになっていて、それが本四架橋もやり、東京湾横断道路もやり、その大プロジェクトをやる。その技術者集団は、芦原さんで食っているようなもんなんですよ。それで十年に一遍仕事があればもつというわけです。ただ、ほぼ十年おきにそういう仕事がないと干上がってしまう。それが芦原さんにはちゃんと頭に入っていて、日本の地図を見ていて、この十年は本四架橋をこの連中がやる、今度は東京湾横断道路をやると、その人たちを全員食べさせていた。

そのメンバーの大半を知っていましたね。大プロジェクトの時は、その集団が行って、相当難しいこともこなしてしまう。芦原さんは日本全体で十年ごとに、どこに大規模な事業があるかというのは頭に入っているんですね。それを芦原さんの判断で少し延ばしたり、本四架橋も二本だったり三本だったり。三本目は、このぐらいにするとか、それは空かないようになっているんですよ。それには驚きました。だから、本四架橋は一、二、三というふうにやるんだけれども、ちょっと途中空いたりすると、その連中が関西国際空港の設計から施工の仕事をしたりしたんですよ。

●阿部　いつもずっと動いてこられたわけですね。

●由井　うん、動いていた。そういうのも誰かがいなくてはたしかに困るけどね。その人たちこそ専門家集団なんですからね。プロジェクトは日本のどこであってもいいんですね。そのグループが一番信頼できるんですよ。何人いるか知らないけど。

とにかく、その集団がすごいなと思ったのは、東京湾横断道路の時に、品川の方と千葉からと両方から穴を掘っていくんですよね。それで、あるところでくっつくんですが、これがくっついた時に、ずれを一センチぐらいで収められる能力があるらしいんですよ。

●阿部　富山県黒部に関電の「くろよん」発電所[5]をつくった時に、破砕帯の複雑な地形のところを両側から掘って、ぴしっとあてたという、それと似たような話がありましたね。

●由井　あの能力ですよ。あれを芦原さんは知っているんですよ。東京の横断道路の時にもそうでした。中曽根さんは、もう総理大臣だったかな。いろんな時に呼んできて、完成式の時にも呼んできて、そこのところを説明したり、させたりして、ぴったりいって全然ずれなかった。それで中曽根さんが褒めたりしたりね。

芦原さんは、やはり小林一三門下を自称する産業人で、決して官僚ではないんだと思いました。中曽根さんが案外、芦原さんを好きで、全然タイプが違うけど、評価していて、芦原さんに一目も二目も置いていましたよ。芦原さんは人を見る目があるので、何かあった時には、関西については芦原さんの意見を聞いているんですって。芦原さんも中曽根さんを結構好きで、中曽根さんが総理大臣になった時、「中曽根内閣は五年続きますよ」と言ってね、非常に好意的でしたよ。だから、ずっとよかったんじゃないかな。

そうそう、関西空港で大事件があった。関西空港の法案を僕は見させてもらっていて、そうしたら関西空港法案が最後の最後になって、運輸省で、一応、株式会社でつくるから、従来のは役に立たないから、さらで始めて、最後の時に当局の案に配当制限という項目があったので、僕は配当制限を設けると、今後の民営化すべてにかかわる前例となると思い、断然やめてもらいました。

どうしても役人同士は役員の覇権争いなどがあり、関西空港にこれだけ特典を認めたんだから、その特典を認めた反面、配当制限みたいなものを置かないとバランスがとれないというふうに考えるんですよね。それで法制局の保護するところがあるんですよ。関西空港法案ではいくつか従来では認めなかった例外を認めた。商業化を認めたんだけど、その結果として配当制限がやっぱりいると思って、付けてきたんですよね。

そして最後の最後に政府の閣議の直前に最終法案ができたというので、それを見せてくれたら配当制限があって、この会社は以上の特典があるから、配当は一定水準より上にできないと書いてあった。これがあると、関西空港のあと、たばこの会社があるし、国鉄も民営化があるから、みんな配当制限が付いてきてしまう。役人はそう思うんだから、「この配当制限はどうしてもやめてくれ」と言ったら、やはり運輸省はそれは譲れないと言うんだね。配当制限が付いたまま閣議決定までもちこもうとしたんですよ。

もうこれは中曽根総理大臣に陳情するほかないと思って、官邸に連絡したら、会えるというから、それを官邸に持っていって、「配当制限でこのままいってしまうと、やがて民営化するのに全部配当制限が付いちゃうから、これだけはやめさせてくれ。だいたい配当制限なんて考え方はヨーロッパにもアメリカにもないんだ。配当はいくらでも構わないというのが配当の本質であって、配当に制限があるというのは、それは日本が戦争中に考えた考え方で、労働者の賃金に限度を設けた昭和一八年からなんですよ。その時に労働者に賃金の制限を付けるのだから配当にも制限を入れるというので、昭和一八年かに配当制限を付けたことがあるけど、それは戦争中の例外で、これを付けると民営化に全部くっついてくるから、これをやめさせてくれ」と言ったら、中曽根さんは勘が良くて「それはそうだ」と、「それはやめないと駄目だ」と言って、いったん決まった翌日の閣議決定を中止にさせました。そうしたら役所の中が大騒ぎになりましたけどね。

それで中曽根総理が、「あなたはどうしたらいいですか」と言うから、「芦原さんみたいな人の知恵を借りて、こういう配当制限ではなくて妥当公正化という原理を入れたらどうか」と提案しました。僕は fair and reasonable というのは公正取引にかかわるアメリカの法令にあるから、fair and reasonable という言葉で、公正かつ妥当な範囲を超えなくていいんじゃないかと、「これでやったらどうですか」と申し上げた。「それ、いいな。公正かつ妥当か」と言ってやったんですけど。

だけど、役人同士が話しているうちに、fair and reasonable は役人たちに消化する時間がなく、やはり抽象的な文句で制約が付いちゃったんですけどね。いずれにしても、ただ何パーセントはいけない。たしか役人が作ったのは、一〇パーセントを超えてはならないとか、数字がついていた。そんなことがあったんですよね。

中曽根さんは、そういう意味ではいい総理大臣で、「俺の目は節穴じゃない。この法案自身、やっぱりまずいところがあるんだ。もう一度、時間をかけてやり直せ」と言ったんですよね。そうすると総理大臣の株も、また上がるんですよ。それは、僕が思った通り総理大臣の株は上がるので、「中曽根さん、早速すぐにやりましょう」と。それは関西の新聞には、みんな一斉に出ました。中曽根総理自身が「まずい」と言って、その裏には某私立大学教授がいたらしいなんて（笑）、新聞記者に言われましたけどね。

中曽根さんは、やはり優秀ですね。本質的なことをよく知っている。僕が、「配当に制限なんて、もともとないでしょう」って。配当に制限なんてあるわけがないんだ。それは利益の制限になってしまうんだから、利益というのはどんなにあったっていいんだから。「配当制限なんて考えはヨーロッパにはないんですよ」と言ったら、「そうだろうね」って。それをやってしまうと、役人がそれをずっと踏襲するから、しょっちゅう顔を出してくるから、こんなものはなしにしよう。それが日本のあり方だとなった。

しかし、率直に言うと、僕は中曽根さんとたしかに親しくて、そんなことで役に立ったことはあるけれども、具体的に役に立ったのはそれぐらいですね。

あと、自由化のプラン順序だけは僕の意見が実現したのです。中曽根総理の民営化政策、あの時は privatization ということで、国際化であり自由化であり民営化ですが、その順序が大事でした。そうしたら、中曽根さんは最初から順序をどうするかを「工程管理だよ」と言われた。要するに、たばこもあるし、電力もあるし、いろいろあるけど、そのどれから手を付けていいか。つまり中曽根内閣の政策の一つは privatization（民営化、国際化、自由化）なんだけれど、順序をどこから始めればいいか。もちろん国鉄が一番大きいけれども、どの順序でやっていくかということが重要です。それは工程管理と称し、工程管理をどうするかを決める必要があった。

それで、総理大臣官邸に四、五人集まった。そうしたら中曽根総理は、「工程管理だよ、君。工程管理はどうすればいいかな」と。僕は、「たばこを最初にやった方がいいです」と言った。というのは、たまたまイギリスのハンナ先生が来ていた。ハンナさんの本に、たばこってよく出てくる。それでハンナさんがある席で、こういうことを言ったんですよ。ハンナ先生は口頭で、「西洋でたばこは昔から民間のものなんだけど、東洋でロシアと中国と日本がたばこを国営している。だから、たばこの国営というのは東洋の悪いイメージがあるんですよ」と語った。

ヨーロッパではフランスだけが国営で、あとは全部、自由だと。要するに、たばことというのは自由なものだというのはイギリスはじめ西洋の伝統で、たばこはまったく民営会社という。だから、国際連合の産業別分類表（The International Standard Industrial Classification：ISIC）でも、たばこは製造業の最初の方に出てくる。たばこは目立つしね。目立つけど、これは民営の冒頭になっている。フランスだけがそうではないが、例外です。東洋はみんな、たばこが国営になっている、ということを、僕はハンナさんから聞いていたんです。

それで、なるほどと思った。西洋から見ると、たばこの国営というのはイメージが悪くて、ロシアと中国と日本はたばこを国営にしているのに対して、ヨーロッパではフランスだけで、それはイメージがとても良くない。だから、中曽根さんに「たばこを真っ先に自由化した方がいいですよ。そして、そのことをすぐ、この次のサミットの時に、レーガン（Ronald Wilson Reagan）やサッチャー（Margaret Hilda Thatcher）の前で、私がたばこを自由化しました、国営化はやめました、と言えば、ずいぶんイメージが違うと思いますよ」と申し上げました。そうしたら、中曽根さんは、「そうだね。それでいこう」と言い、それで、たばこの自由化を工程管理の最初に置いて、「たばこからやることにしよう」と言うことになり、それで官房長官だかに指示した。

それからしばらくたって中曽根総理から連絡があって、「たばこを自由化するようにしたら、役所ではこんな大騒ぎになった。たばこは明治時代から国営なものだから、都合の悪いことに法律が長くて、大蔵と農林だけではなくて、通産も各省にみんな関係している法律がある。それが全部、現在のたばこの専売を前提とした法律になっている。それをやめるというのは大変なことで、各省でも書き出したら何十何百とあって、当局も音《ね》を上げている。改正しなくてはいけない法律があまりに多すぎる」と言う。

しかし中曽根総理からは、「どんなに骨が折れても、これはやはり自由化するんだから、文句を言わないで全部やりなさいと言っておいたよ」と、とても愉快そうに、その話を僕に言ってきたんですよ。

そうしたら、役人が、その代わり、今の専売公社の建物をそっくり日本たばこ産業に変えて、最小限の手続きで自由化するようにして、実体はあまり変わらないようにと提案したところ、大蔵が賛成して乗ってきた。「大蔵は最初は反対していたのが賛成になったから、うまくいくと思いますよ」と総理から電話があった。

こうした経過で、たばこの民営化は、最初にやって、案外うまくいったんだと思います。つまり被害者がほとんど出なくて、役人は役人でたいして被害を受けなくて、民営化の被害が大きいと思ったら、そんなことはなく、みんな新しいたばこ会社に移れた。それから、財産をいっぱい持っている。それは大蔵がみんな管理している。たばこが持っている土地が東京の中にもいっぱいあったんですね。大きい建物もあって。それがみんな生きることになったものだから。

だから、人を減らさなくても済むし、案外、財産があって困らないし、たばこの売り先は、むしろこれから輸出を中心にやる。つまり国内では、だいたいたばこは吸わなくなる分は輸出中心でまかなう。そういう経営戦略を立てて、まず東南アジアではたばこを盛んに吸っているから、当分たばこの消費が減少する雰囲気はない。アジアにいいたばこを販売すればよい。日本のたばこはおいしいから、東南アジアにもっと売れればいいじゃないかと。それでいくようだと目安がついた。だから、たばこの民営化というのは、非常にうまくいったと思いますよ。

あの時やらなかったら、今になったら大騒ぎでしょう。あの時にやってあったから、なんとなく、どさくさまぎれにやれたけど、今になったら、こんなにたばこが高額になれば、えらいことだった。案外、たばこ屋さんも大丈夫だって言っていた。たばこ屋さんが困るんじゃないかと言ったけど、それはないと。

それから、たばこの産地は九州にあるんだってね。九州のたばこの産地は、中曽根派の何とかという代議士は利害があったけど、その人を呼んだら、「できますよ。私も反対しません」、と。

エズラ・ヴォーゲル氏

●阿部 『ジャパン・アズ・ナンバーワン』6で有名なヴォーゲル先生がお若い頃、日本で中産階級の研究をしておられたと伺いました。

●由井 ヴォーゲル先生は、日本人はもっともっと知るべき人ですよ。あの方は、すごく優秀な人で、ユダヤ人って、ああいうすごい人がいるんですよね。すごい頭の持ち主で大秀才でね。ヴォーゲルさんは、日本の財界を勉強したいと言われていた。というのは、その前に日本の中産階級の勉強をしたから。ヴォーゲルさんの日本の中産階級の研究は大きな影響力を持ったんですよ。というのは、それが出る前、アメリカ人の共通の認識は、「日本には、ほんのちょっとの学校出のエリートが若干いる。あとほとんどは、何も世の中を知らない大衆だ」というものでした。アメリカ人は日本人のことを、「ほんの一握りのエリートと、大多数の、全然世の中のことを知らない大衆がいて、中産階級はいない。中産階級がしっかりしていれば、戦争というのはだいたい起きないものだ」と思っていた。

だけども、エズラ・ヴォーゲルさんは、それはアメリカ人やイギリス人の独断あるいは偏見じゃないのかと考えた。それで、ヴォーゲルさんは日本に来て、日本の中産階級の実態を知らなきゃいけないと思って、わざわざ自分は立川の中産階級の家に住んだのです。

それで立川の人たちに対して、ボーダーのない、一種の聴き取り調査をやったんです。立川というところは、具合よく東京のベッドタウンで、中産階級の町であることが分かっていた。この中産階級の町の立川周辺の住宅を駒のように回った。ヴォーゲルさんが後で得意になる聴き取り調査ですね。

ヴォーゲルさんというのは聴き取り調査の天才なんです。逆に語学力はそんなにないんですよ。日本語は、そんなに得意じゃないんです。日常会話は上手だけど、本は読めないんですよ。日本に来て財界（zaikai）の勉強をしようと思って、日本経営史研究所に来て読んだけど、日本語はとても難しくて分からないという。「日本の本は、こんなにも漢字が多すぎて難しくて、とてもじゃないけど分からない。だから、自分は日本に来ているけど、結局、由井さんと付き合って覚えたことは、日本語の本はあまりにも難しくて読めない。それでやめて、自分が本来得意の聴き取りに徹することにした」、と。どこにでもノートを用意して、誰に会ってもすぐ話を聞いて、書き留めていた。

それで立川に住んで、いろいろやった結果、非常に大きな収穫があった。どういう収穫かというと、アメリカ人の考えていることと違って、日本は中産階級が非常にしっかりしている。そのしっかりした中産階級は二つの特徴を持っている。一つは、ほとんどサラリーマンだったことで、日本はサラリーマンが中心で中産階級ができている。もう一つの特徴は、奥さんが案外教養があって、ほとんどが短期大学を出ている。アメリカ人は全然そう思っていない。日本人の女性など、せいぜいハイスクール卒業が関の山だと思っている。何も知らないでね。だけど、そうじゃない。自分が調査してみたら、奥さんは教養があるというんです。それで、亭主のいい女房になろうと思っている。そして日本には課長というものがあって、課長という管理職になることを奥さんはみんな望んでいる。亭主に強い期待を持っていて、亭主が課長クラスの管理職になることを期待し、堅実な家庭をつくりたいと思っている。非常に考え方も堅実だ。勉強も好きだ。それを発見したというんです。

それで、エズラ・ヴォーゲルさんは日本の女性、中産階級とその家庭というものをしっかり分かった。それで、彼は論文を書いたんです。彼の教授請求論文か何かで。それは著書として出版され、『日本の新中間階級―サラリーマンとその家族』（誠信書房、一九六八年）という題名で日本語にも翻訳されています。

それが終わったから、今度は日本のハイソサエティーを勉強しようと考えられ、日本のハイソサエティーには、アメリカにはない「財界」というものがあるので、日本の財界を勉強しようと思われた。それで経営史研究所へ通って、毎土曜日、僕と一緒に社史を多く読んで勉強しましょうということになって、しばらく経団連の歴史などやったんですが、途中で諦めちゃって、ヒアリングをずっと続けた。日本のいい特徴をよくヒアリングしたんです。彼が非常に印象深かったのは、日本の東京にはスラムがないということでした。世界にはどこの大都市にも膨大なスラムがあるんだけど、日本の東京にはスラムがなくて、上野美術館の裏などにあるけど、すごく小さくて、非常に少数だし、スラムといっても、みんな案外いい生活をしている、というんです。彼らは自転車まで持っているし、たいがいみんなラジオなんかを持っているというんです。

つまり自分たちの頭にあるスラムとは違う。だから、一種の管理されたスラムみたいなもので、人数も少ないし、みんなちゃんとしている。それは、ハンナ先生もすぐ気が付いたところです。ハンナ先生は鶯谷かどこかに住んでいたでしょう。あそこのところを歩いて東大まで通っていた。ハンナ先生には、われわれみたいに世田谷とか杉並に住んだらって、ずいぶん勧めたけど、いや、今、住んでいる場所は山があって、なかなかいいところで気に入っちゃったと言う。第一、家賃も安いしね、ここに決めて、丸二年間ここに住むと言い出した。

彼も、日本のいいところは、スラムがなくて、ごく少数のホームレスの人たちは、なんかいい生活をしていると。これはいいところだと。

ヴォーゲルさんは、スラムがないということをすごく強調していた。それはたしかにそうだね。向こうのスラムってものすごいところですからね。ハーバード大学のあるボストンのスラムは怖いところですよ。以前間違えて、自家用車でボストン・シンフォニーのすぐそばのスラムの中へ家内と二人して入っちゃってね。これはえらいところへ来たというわけで、絶対に車の外へ出たら駄目だという。何とか逃げるように抜け出したんですけど。たしかに東京には、そういうスラムはないですよね。

それがヴォーゲルさんの『ジャパン・アズ・ナンバーワン』の大きなテーマでした。その本の中に、日本にはスラムがないというのは、たいしたものだと書かれています。

僕はヴォーゲルさんのお手伝いを多少したのに、『ジャパン・アズ・ナンバーワン』に僕への感謝の言葉はなかったので、僕の名が謝辞に入ってないと言ったら、「いやあ、申し訳ない、申し訳ない」なんて言ってね。「私があなたの面倒を見るから、ぜひハーバード大学へ来てくれ」とのお手紙がきました。

それで、僕がアメリカに行って、最初スタンフォードにいたらヴォーゲルさんから手紙が来て、そんなところにいないで、今、ライシャワー先生も元気で、勉強会にしょっちゅう来ているから、すぐハーバードへ来い、と言ってこられた。あなたと約束したんだから何も心配要らないと言って、手紙をよこしましたよ。だから、その時に早く行けばよかったな、と思いました。

一つは、僕がいた時に、ちゃんと日本社会論のアイディアが彼の中で頭にまとまっているんですよ。それに感心しました。まず中産階級の勉強をして、それから女性の地位が高いこともよく勉強していた。その結果、一歩一歩進んでいって、日本のいいところを積んでいって、一応分かったから、今度は香港へ行って、*One Step Ahead*[7]。中国の中でも香港は一歩進んでいるというポイントで、*One Step Ahead*。いい本を書いている。やっぱりヴォーゲルさんは稀な秀才ですね。

あれだけ言葉を自由にものにすればね。いつも日本語もいい日本語で、お手洗いのことをご不浄と言っていました。

たしか中曽根さんにも僕は彼を紹介したんですね。中曽根さんは最初はあまりヴォーゲルさんを評価していなかったけど、途中からヴォーゲルを何かの委員にしたとか、やっぱり役に立つなんて言っていた。ヴォーゲルさんはアメリカでも、とうとう最後はCIA（Central Intelligence Agency）の副長官になった。要するに、アメリカの偉い人の順序からいくと、一番重要な一人になった。CIAの副長官になると、東京にいる時は、アメリカ大使館のどこかに住めて、革命が起こった時、ヘリコプターが真っ先にやってきて、それへ乗れるんだそうです。日本で革命が起こった時、ヴォーゲルさんは、最初のヘリコプターで駐日大使と共に日本からすぐに逃げだせるメンバーの中に入っていたと言って、みんなで笑ったんですけどね。

僕は、それが案外本当の話だと思いますね。何でも functional society のアメリカはそういう順序があって、本当にヘリコプターで逃げる順序まで決まっているのが素晴らしいですよね。でも、ヴォーゲルさんは本当に好人物ですね。もっと親しくなれた人ですね。なぜか機会がなくて、アメリカでもあまりお世話にならなかったし、東南アジアに来た時は、よくぱったり会いましたけど、本当に親しくなるチャンスがあんまりなくて。

ヴォーゲルさんは僕に、日本とアメリカの比較のモデルを作ったというんですよ。日本とアメリカは似ているようで似ていないようなところがあって、それをいろいろ考えて、モデルができたと言うのです。どういうモデルかといえば、同心円があって、日本のモデルは一番外側にかなり太いバリアがあるんですって。日本人は、アメリカ人から見ると、外側にあるかなり太いバリアに、なかなか入れない。だけど、ちょっと入ってしまえば、すっと入り込める。だから、アメリカ人が日本人に、最初に会った時、なかなか日本人は難しいなと考えないで、ちょっとしつこくして、バリアさえ取ると、すっと中まで入ってしまう。アメリカのモデルは正反対で、同心円の外側にも中側にもバリアがあって、親しくなったからと言って、日本人はその中へ入れない、というのです。

少し親しくなっても、また次にバリアがあって、それを乗り越えないと次に行けなくて、最後の家庭の奥さんと台所まで行くのには、ずいぶんいくつもバリアがあるんだと言うんです。アメリカはどこも一見親しいみたいだけど、そういう構造であって、日本では外側にはすごく重い壁があるけど、これさえ通ってしまうと、中まで、すっと行っちゃう、と。

●阿部　そうかもしれないですね。

●由井　ええ。人にもよるけど、本当に親しくなるまでには、結構バリアがあるんですよ。

レズリー・ハンナ氏

●由井　レズリー・ハンナさんは、昭和の終わり（一九八八年）に僕がイギリスに行った頃は非常に difficult な人でね、三十代ですでに一仕事して、すごい秀才だと言われ、最初の本[8]を、彼は二十九歳で出版した。

聞くところによれば家柄も良く、彼にそう言うと、「そんなことないよ、僕は家柄が良くないよ」などと言っていましたが、若い時から功を成して、僕がロンドン大学に行った時には、一言で言うと威張っていましたよ。ロンドン大学のファカルティークラブで、お昼にみんながしゃべるカフェに行ったら、窓側にいい椅子があって、偉い人が座る椅子へ彼が座っているんですよ。大きな顔をして座っていましたよ。

だから、ああ、そうか、世間の言う通り、彼はすごく気位が高くて、ちょっと難しくてね。それで、ゴスペル（Howard F. Gospel）さんなどを鼻であしらっていました。ゴスペルさんは、ハンナ先生の前に行くと、ものすごく丁重な言い方をして、まるで先生と生徒みたいな感じでしたよ。だけど、彼自身はふんぞり返った感じで、しかもビジネス・ヒストリー・ユニットという組織の若いリーダーでおられた。

ロンドン大学にはビジネス・ヒストリー・ユニットという経営史研究所があって、そこの所長で、大きな部屋に大きな椅子を構えて座っていましたよ。うんと若くてまだ四十歳ぐらいなのに、とても大きな椅子に座っていた。立派な作業部屋があって、そこに五、六人の人が働いていて、イギリスの実業家の事典のカードを盛んに作っていた。それをハンナさんが全部、一枚一枚チェックしていた。

そのカードの中には、十八世紀以来の代表的な実業家が二百人位が載っていて、彼らについてよく調べていた。その特徴は、経歴ばかりではなくて、死んだ時の財産の額と、公共事業に対する貢献が書いてある。そう言っていましたよ。「それはすごく骨が折れますね」と言うと、「いや、うんと骨が折れるんですよ。だけど、それがポイントなんだ」とのことでした。

●阿部　ハンナ先生の門下生の和田一夫先生から伺ったことですけれども、ちょうどサッチャー政権ができて、民間活力重視ということで、このプロジェクトに予算が付いたそうですね。

●由井　そうです、予算が付いたんです。それで『実業家伝記事典』全六巻が一九八〇年代半ばにできました[9]。偉業ですね。ハンナ先生は本当にいい仕事をしたということで、ヨーロッパでは高く評価されています。

脇村義太郎先生（一九〇〇-一九九七）は亡くなる前、この事典を評価して、ぜひとも日本でも経営史学会なり日本経営史研究所なりの主催で十年ぐらいかかってもいいから、日本でもああいうものができればいいですね、と言っておれらたんです。だけど、ああいう大事業は、何億円というファンドがなければできない。脇村先生も、そう言っておられましたけれども。

僕は大失敗をして、ハンナ先生が日本に来て、しかも東大で二年間、英語で講義をすることになっていたのに、行かなかったですよ。無理してでも、あの講義を拝聴するのだった。本になるようなことをちらっと聞いていたので、でき上がったものを買えばいいやなどと思ったのですが、残念なことに出版されませんでした。

（二〇二一年一一月収録）

1　河上徹太郎氏。

2　『竹内理三　人と学問』編集委員会編『竹内理三―人と学問』東京堂出版、一九九八年。

3　大河内氏と関口氏は順に二〇一七年、二〇二二年に逝去。

4　『憂楽五十年　芦原義重―回顧と展望』。本書八一－八三頁を参照。

5　黒部川第四発電所の通称。

6　ボーゲル氏が著した *Japan as Number One: Lessons for America* (Cambridge, Mass.: Harvard University Press, 1979) の日本語版『ジャパン・アズ・ナンバーワン』（広中和歌子・木本彰子訳、TBSブリタニカ、一九七九年）が、一か月遅れで刊行され、両国で話題になった。

7　Ezra F. Vogel, *One Step Ahead in China: Guandong under reform*, Cambridge, Mass.: Harvard University Press, 1989.

8　*The Rise of the Corporate Economy*, London: Methuen, 1976. 邦訳はレズリー・ハンナ著、湯沢威・後藤伸訳『大企業経済の興隆』東洋経済新報社、一九八七年。

9　八八頁を参照。

七　企業史料の豊かさと日本の経営

――渋沢栄一・敬三の足跡を回顧して

由井常彦

はじめに

思い出しますと、もう六十年も前に経団連会館でこういう企業史料が大事だということを話し合うシンポジウムのような機会があり、その時が今日に続く企業史料協議会の設立の契機になりました。その時に花村仁八郎という、総務部長で後に経団連の事務総長になった方ですけれども、よく知っている方がおられたので、ビジネスアーカイブスの発展に財界の支援をいただきたいと思ってお招きしました。

花村さんは大先輩ですけれども、同じゼミの出身から学生の頃から存じあげており、私は経済学部を出た後は、経団連に入れてもらえればいいなと思っていたこともありました。そしたら花村さんは、「いや、大学院を出てもらわないとうちの仕事はできないから、君、大学院に行ったほうがいい。勉強をしなきゃ。修士課程を出てから来なさい」と言われたことがありました。それで大学院に行って、当時新しい分野であった経営史を勉強しました。その後、一九六四年に経営史学会が発足し、一九六八年に日本経営史研究所ができ、大学の経営学部には経営史のカリキュラムが普及し、会社史とビジネスアーカイブスが一応形をなしたんですね。

それから半世紀以上が経って、現在ではこういうふうに大勢の人たちが関心を持たれ、企業史料の関係者の集いになりました。大盛会ですから本当に嬉しいし、心からお祝いを申し上げたいと思います。その点は皆さんのお力だと思います。そして、アーカイブスの研究、すごく地味な仕事ですけれど、大勢の皆さんがおいでになることからみると、当初の企業史料協議会の趣旨通り発展が実現した感じがしまして、今日はとても嬉しかったです。皆様には今後も是非企業史料協議会のさらなる発展に助力していただきたいと思います。

企業史料の源流としての帳簿と会計

それから、私が残念に思うことは、企業史料について日本ではアーカイブスという言葉やアルキビストという言葉がなかなか定着していないことですね。外国では、ライブラリアンは昔から定着しており、ライブラリアンの次にアルキビストが定着するようになった。それに対して日本では、アーカイブスやアルキビストという英語がなかなか定着しないようにみえます。

もっとも、私が感じるのは、実際には日本は非常に企業史料にむしろ恵まれている国だということなんですね。私のいる三井文庫には、一橋の斎藤修先生、それに慶應の速水（融）先生のような日本ではもちろん海外でも非常に活躍している方々が理事でおられますが、その先生たちがしょっちゅう言っているのは、日本の歴史的な企業史料の豊かな存在です。国際的な会議に出て、ビジネスの話が出ると企業史料はどうなっているかって話がすぐ出て、ところがいつも驚いたのはオランダやイギリスみたいな先進国で、そんなに帳簿が発展していないことです。十八世紀の帳簿なんかないって言うんですよね。でも日本では、三井文庫にある江戸時代の帳簿は膨大ですよ。本当に何万点とありますからね。それで調べて、昨日も、先週の金曜日も、帳簿をはじめアーカイブスの研究発表をしていただいているわけです。

例えば、今回のは、三井における子供の研究です。三井家は丁稚《でっち》と言わなくて子供と言うんですね。それがね、これら奉公人の記録だけでも十八世紀の資料がかなりあります。採用については、毎年毎年定期採用ですよ。十二、三の子供もちゃんと多数の応募者があって、請書というのを持ってきています。こうした推薦者を持つ小さい子供から試験をして、そして入ってからだいたい数年勤めてから元服をして一人前の店員たる手代《てだい》になるんですけどね、その間だいたい五年ぐらいかかるんですよね。教育が一番大事な時ですよね。その時は、まだ子供っていうわけです。その子供の採用がすごく厳しいうえに、それで三年間コツコツと働き、かつ勉強して、それでまた試験を受けて半元服といって半分の元服があるんですよ。だからその、子供の時代、いわばまったくの手代になる前の子供たちも、相当の教育を受けて勉強をしているんですね。

それで、採用は全部京都です。江戸で、今の日本橋の店（三越）には、地方の人も大勢いるんだけど、しかし採用は総本店の京都なんです。京都でだいたいの受験者を選んで、それから多少ガイダンスをしてから江戸へ送るんですよね。その子供たち、その十数人の子供たちは十二日間かけて京都から江戸までね、歩いて行って、それで現場で採用されていく。それだけでもそんな詳細なデータがあるんです。

だからね、そんな店員の制度と資料など世界のどこへ行ったって、絶対にないんですよね。このように採用に関するデータもいっぱいある。三井文庫で、研究員たちが論文で発表していますけど、そんなことでも、三井文庫にある資料だけだって、いつになったらどこまで調べられるかよく分からないほどです。

近世における帳簿の普及と安田善次郎の手控え

では、いよいよ今回の私のテーマに戻って、安田善次郎から話を進めさせていただきたいと思います。まず、商人の帳簿とかデータなどのビジネスの文書というものは、近世からある程度重視されていたわけです。ビジネスに関する記録とかデータというものは、そういうふうに日本は比較的恵まれているということなんですね。いっぱいあるってことなんです。そこが面白いものだと思うんですね。面白くないはずがない。

私は安田家のご厚意で資料にアプローチでき、長い間研究してきた末に、数年前に安田善次郎の伝記を書きました。幕末の江戸と明治最初の十年ぐらいの東京を、この安田さんの史料を見ていて、こんな面白いものはない、こんなにエキサイティングなものはないと思いました。で、私は書いていて楽しかったですね。幕末から明治当時のいろんな事実を知り、同時代に生きているような感じですよね。

安田さんはありがたいことに毎日毎日の記録を、出来事を手控えに残していたんです。毎日なんです。ほとんど欠落もない。だいたい幕末から明治についての日記ですが、商売用の手控えはなおさらいいんですよ。ビジネスの記録だから本当に正確というか、手控え以上に正確なデータはない。ですから手控えはたくさんあり、全体では明治末年までには何千ページになるくらいになっています。もちろんずいぶん時間がかかりましたが、読み通しました。このように手控えを何度も引っ張り出しながら、『安田善次郎』という本を書けたことは、非常に貴重な経験だったですね。それに、日本のビジネスの史料というのは、多くの場合単なる帳簿の数字以外のことがいろいろ書いてあるんですよ。

それが日本のビジネスアーカイブスのものすごい強みです。安田善次郎の手控えも、自分の本業の両替業の記録のほかに、明治初年には一時手を出した油屋を経営してみて、誰と誰を使ってみて給料はいくらかかり、収支の総額いくらって書いてある。安田さんの手控えを見ると、安田にしても銀行一本というわけではなく、途中でやめた仕事や奉公人のことも皆書かれている。それを付き合わせて初めて、どの店員を使って売り上げにどれだけ寄与した、火事にもみまわれて、いつから赤字になってやめたっていうのもだいたい分かるんですよね。三井の史料もそうです。

三井家「越後屋」の膨大な帳簿と日本の経営

これはもう経営史学会の方、皆さんよくご存じのように、決算の記録には、欄外にいろんないいことが書いてあるものもあり、これがとても面白いんですよ。欄外を見ていくと。

それは何事にも几帳面な日本人の特徴かもしれず、日本のまた史料の強みともいえますね。欄外は、真面目な記録者の存在を思わせます。その欄外の記録を継ぎ合わせていくとかなりの知識が得られますね。だから私は、このビジネスアーカイブスというのは、日本でこそ世界に例がなく発展できる材料があるというか基礎があるというか、データがあると考えています。

速水（融）先生はヨーロッパに行って帰ってきて、三井文庫に立ち寄られた時など、十八世紀にどのくらい日本では史料があるか関心を持たれました。それからもちろん十九世紀ならこんなにいっぱいあることに驚かれました。オランダが一番繁栄したところの状態を速水先生は研究したいと思ったけれど、あまりデータがなかったと言っておられた。帳簿もあまり普及していなかったのではないか。

ところが日本は正反対です。もちろん近代的な西洋式の帳簿が入ってきたのは明治以降ですけどね。その前だって膨大な決算の記録があり、簿記の経験があった。だから、面白いんですよ。明治時代になって、イギリスからアラン・シャンド（Alexander Allan Shand）という銀行家を呼んだ。渋沢さんは日本の簿記を改めて西洋式の簿記を使わなくちゃいけないので、みんなに声をかけてシャンドさんに来てもらった。そこで皆で集まって勉強したんです。安田さんはね、二回とは行っておられない。というのはね、一回来たら全部分かっちゃったということなんですよ。西洋の簿記も自分がやっていた通りの損益の計算と資産・負債の計算であり、複式記帳の計算で、利益でケツが合わなくちゃいけないという原理で、それは我々よく知っているところだということでね。

西洋の方は横書きでね、日本は縦で筆です。だが日本ではゼロは発見されず、西洋は横書きでゼロがあることは大変便利なことで、我々は西洋の簿記を勉強することになりました。これらを勉強するだけで、西洋式を会得することはごく簡単なもので、そんな難しいものではなかったというのは、いかに日本で基本的には簿記の必要な知識を、というより帳簿のシステムを皆がある程度知っていたってことですよね。それで商人たちが店員を派遣してシャンドのところに行ったといっても、だいたい原理的には日本がやっていることで、そんなに雲をつかむというようなものじゃないですよ。全然異なるテクノロジーではない。要するにそれはね、我々の既成の概念の知識でできるものなんです。

渋沢栄一少年の熱心な帳面付け

それで渋沢さんについて話しますとね、やっぱり渋沢さんは偉くて、子供の時から家業の藍玉の商売をやっていました。染料の原料の藍玉というのは農産物でね、北関東の農村に発達していた。渋沢少年は地元でなく長野県の染物屋に売った。碓氷峠を越えているんです。それで上田から長野に行ってその染物屋に売ってる。その商売をね、全部記録しているんです。まだ子供だけどね、ちゃんと金銭出入帳を携帯して、いくらで誰からと記帳し、それをまとめてみて、原価をこのぐらいでいいものができるはずだという知識を得て。それで藍玉の農家へ行って、お宅の藍玉はここが不備だから来年はこういうふうに改善してくださいと、そういうふうにちゃんと要請している。やっぱり文字情報、記録情報はビジネスの成功にとって不可欠だったということです。

それでつくづく思うのは、私も日本橋の三井（三井記念美術館）に赴任してもう十五、六年になりますけども、かつて日本橋で成功しているビジネスは何かと言うと、大手のほとんどは、やっぱり出は伊勢商人か近江商人なんですね。江戸の下町から出て成功したという人は魚屋とかね、それに米屋や染色・工芸の店々はあるけれども、そんな大きなものじゃない。で、成功した経営は三越、つまり三井の越後屋なり高島屋であり、それから松坂屋や西川など有力な老舗となったのは、近江や伊勢商人であることです。

その理由を考えてなるほどと思ったのは、その近江商人や伊勢商人出の人はよく帳簿を付けているんですよ。江戸っ子はね、帳簿を付けないんです。江戸っ子は何と言ってもね、粋でいなせでね、金のことでこまごま神経を使うというのは江戸っ子じゃない。宵越しの金を持っちゃいけないとかでね。江戸っ子は、三井や白木屋の成功を見てすごく面白くなくて、いろんな悪口を言っている。近江商人は泥棒で伊勢商人は乞食《こじき》と言われた。そう言ったのは、はっきりしていますよね。要するに近江商人は昼間の仕事が終わってから夜になって、一日のビジネスを締めくくって、算盤に入れなくちゃいけない。だから、どうしても夜明るくして仕事をします。それでどんどん大きくなっていくから、江戸っ子はやっかんで、近江商人は泥棒みたいな奴で、夜になってから仕事をしているというような発想が生まれるわけですね。伊勢商人は、三井越後屋のように金持ちになっても普段は木綿で通し、絹物を着ない乞食根性だというのです。

そういうふうにビジネスの継続と成長には、帳簿というのはものすごく大事でした。帳簿によって決算なり日記帳や金銭出入帳なり、そういうのを付けるっていう習慣は、すでに幕末よりもっと遡っておそらく江戸後期にはだいたい一般化していたようです。僕はね、長野県の佐久の出で、高校の時に上京して、親父にお金を送ってくれと言ったら、親父は早速ね、やっぱり金銭出入帳を用意して、金は送るけどここに全部記録を残せと言ったわけですね。毎日毎日の出入りの金額を残せば、リーズナブルならその分はすぐ送るからと言われました。金銭出入帳ってものが、商家では当たり前だったんですね。

味の素の鈴木さん、三代目の鈴木三郎助さんに聞いたら、鈴木家では、金銭出入帳は先代からの習慣で、その出入帳もね、金の出るという字は小さく書かれており、入るという字は大きく書かれており、要するに商売で出る方は少なく、入る方は多くという意味がこめられていたそうです。それを私はすごく面白がってね、多くの話を伺いましたけれども、要するにそういうふうに帳簿を大事にするという習慣があって、帳簿を怠けていると結局長続きしない。やっぱりビジネスは計算記録ということがなければならない、いろんなことを言っても結局は帳簿がモノを言うものになっています。

帳簿の記帳は、三井でもものすごく徹底していて、そんなふうに一人の丁稚の採用から日用品の購入にも及んでいます。それで膨大な量になっている。あれは管理のやりすぎですよね。経営の効率のうえからすれば、そんなに膨大な史料がいるかいらないかは別問題ですね。

しかし、それが詳しいために、我々はそういう企業の会計や決算の記録からいろんなことを勉強できます。だからこれもやれることは山ほどあるし、企業史料協議会でなさることもいっぱいあると思います。むしろその点については、日本は先進国ですよ。去年も二百年以上続く老舗の企業調査があり、その企業のことについてはおかげさまで研究が進んできて、ずいぶんいろんなことが分かってきたわけです。

そういうことで、渋沢さん自身は子供の時からの帳簿や会計の知識があって、やっぱり成人になってからも物事の判断の根底にあった。維新後、政府に出仕してまもなく、大蔵次官になった時、西郷隆盛に怒鳴り込まれたことがある。お前がみんな政府のお金の出入管理をして軍の言うことをきかないそうだ、と言われたら、渋沢さんは、財政には「入るを量って出ずるを制する」という原理原則があって、新政府の財政もそういうものだと思っていると答えています。それで西郷は、ああそうかと初めて分かった顔となり、だけど国家存亡のような大戦争になったらどうだと渋沢に聞いたところ、それは全然別ですと答えたそうです。

倉庫業よりも浄瑠璃にはまった篤二と民俗学者でもあった敬三

それから面白いのはね、渋沢さんがこうした商人で成功する伝統を自分の渋沢家に伝えようとしたことです。明治五年に生まれた長男に渋沢篤二という名前を付けたことはものすごく重要だと思いますよ。渋沢栄一自身がかつて篤太夫を名乗っており、篤というのはすごく渋沢さんが好きな言葉、重みのある言葉ですよね。渋沢さんは、こんないい名前はない、すごい名前を付けて篤二さんを後継者として期待をしたわけです。で、渋沢家の家業としての澁澤倉庫の社長に任命しており、僕はたぶんね、渋沢栄一さんは篤二さんに、お前も帳簿を付けろ、それから金銭出入帳を付けて、そういうものを提出せよ、と言ったに相違ないと思います。

ところが篤二さんは事業の経営や帳簿の記帳には面白さを感ぜず、それよりも浄瑠璃が面白くなって、浄瑠璃にすっかり入れ込んじゃうんです。これもね、自然なところもありました。篤二さんは遊芸に凝ったというけど、僕は当然と思いますね。篤二さんが成人した明治二〇年代は大事な時期なんですよ。社会的に伝統的な文化が再認識され、特に歌舞伎が繁栄して、九代目團十郎と五代目菊五郎という名優が世に出た。この二人が出れば、どんな芝居も面白い、面白く観られたんですね。それに芝居と結び付いて、浄瑠璃がうんと流行った、この下町でね。で、浄瑠璃の名鑑とか浄瑠璃をやっている人の集まりがたくさんできるんですよ。だから渋沢篤二さんがね、浄瑠璃にのめり込んだのは、僕は無理もないと思いますよ。私だって高校の時、東京へきて一番驚き、一番感激したのは先代の吉右衛門とその芸ですね。こんな面白いものが世の中にあるかっていうぐらい。だから同じように篤二さんもすっかり日本芸能にはまっちゃったんですね。

篤二さんは、単に身をもちくずしたのではなく、文化の支援として良いこともやっているんですよ。滅びかかった日本の浄瑠璃の研究にもひと仕事をしているんですよ。今もうほとんど息絶えな古典についての研究です。『実業之日本』誌の実業家と文化のランキングで浄瑠璃の横綱は渋沢篤二さんですよ。これは大変なことですよね。文化の横綱の渋沢篤二さん、文化のトップなんです。

さて、渋沢栄一さんが帳簿とか記録類を尊んだことは、孫の渋沢敬三さんに受け継がれました。土屋喬雄先生は、渋沢栄一と敬三は、隔世遺伝がある、と言っておられました。渋沢敬三先生は、大正時代に東大経済学部に学びましたが、この頃の世界は、実証主義の時代で、何でもかんでも科学でなくちゃいけない、社会科学になってみれば、まさに経済学も科学でなければいけないという認識が急速に普及し、それから実証は大事だという考え方があっという間に広がりました。日本の大学では実証とマルキシズムがあまりにも簡単に結び付いちゃったのが不幸ですけれど。いずれにしても、実証主義の時代になる。ですから、渋沢敬三先生も資料を尊ぶ経済史の研究者として成長されます。

昭和六年に渋沢栄一が亡くなって、渋沢敬三先生が子爵を襲名して、それで渋沢家を継いだ。その時、先生には糖尿があって、伊豆で休んでいた時に漁業史料を発見したんですね。その漁業史料は、近世を通じて明治までの三百年間の史料で、もう渋沢さんはこんな素晴らしいものはない、と感じた。そして伊豆の漁民の史料という第一級の史料で、すっかり敬三先生は近世の漁業の実証研究にとりつかれ、それから民俗学も面白くなり、それで自分自身も民俗学者にもなられた。

渋沢栄一の伝記史料の編集に際しても徹底的に、伝記史料という形で史料を収集し、掲載するという、皆さんがご覧になって分かる通り、ある意味では実証的たることがオーソドックスなやり方となったんですね。結果的には、『渋沢栄一伝記資料』は企業史料の金字塔となりました。

どうもご清聴ありがとうございました。

（二〇一九年一一月収録）

八　経営史研究の開拓者、その素顔に迫る

聴き手　高津　隆

ルーツは県境に近い信州の佐久
生家は林業に携わっていた

●高津　由井先生は、我が国経済史、経営史、さらには企業家研究の第一人者であり、学会の碩学として知られています。先生の素顔、人間像に迫りたいと思います。

まず、先生の生い立ちからお聞かせください。

●由井　私は長野県の南佐久、現在の佐久穂町で生まれました。群馬県との境に近く、内山峠を越えるとネギの産地として有名な群馬県の下仁田です。この峠は古くからの交通の要所で、戦国時代や幕末にも使われていたそうです。深谷出身の渋沢栄一さんは若い頃この内山峠を越え、群馬の上野村、長野の佐久あたりの染物屋に藍玉を売っていました。そういう佐久で生まれたものですから、群馬には知り合いも多いのです。隣の臼田町（現・佐久市）には幕末から大きな酒屋を営む井出家という家があり、当主の一太郎さんは岸信介内閣で農林大臣を務められた名家でした。そこの息子さんが直木賞作家の井出孫六さんです。彼と私は中学の同窓で、机を並べていま

した。

●高津　先生のご生家は林業に関係していたそうですね。

●由井　もともとは炭をやっていました。それから木材に移り、枕木や、杭《くい》丸太を扱っていたんですね。関東大震災後に木材は東京でとても需要があり、それで成長したと聞いています。由井家では江戸時代から定右衛門、七郎右衛門という名を襲名しており私の父は七郎右衛門でした。

父は苦労人だったらしく、母に聞いた話ですが、父は夕食を済ませてから東京まで商売に行っていた。それも自転車で、十石峠を越えて。高崎まで五十〜六十キロ、下りが続くから不可能ではなかったのでしょう。まだ交通の便も悪く、夜行に乗るより早く着く。しかも道中ところどころで商売もできるというので、父からすれば合理的だったんでしょう。夜明けごろに藤岡に着き、そこの農家で鶏卵を二つ食べて二時間ほど仮眠をとってまた先を急いだそうです。父は日露戦争に行っているから、軍隊時代に短い時間で熟睡することを叩き込まれたらしいね。

故郷を離れ東京の新制高校へ編入
東大では最初、文学を志すも…

●高津　先生が東京に出てこられたのはいつ頃ですか。

●由井　戦後間もなくの新制高校二年の時です。故郷の旧制中学がバンカラな校風で嫌な思いをしたり、兄が戦死したりということで、私は一刻も早く東京に行きたかったんですよ。当時、慶應の学生だった別の兄も「早く東京に来い」と勧めてくれて、二年の時に編入試験を受けました。私の直後に井出孫六君も東京の高校に編入してきて、結局二人共こちらに来ちゃった。

そうして東京で高校を過ごしてそのまま東京大学へ進学するわけですが、当時の東大はレッドパージの真っ最中。騒然とした学内では論争が繰り広げられ、論客も多かったですね。

私は最初、文科二類にいたんだけど、周囲には井出孫六君のような作家みたいなのがたくさんいるわけです。当時の文壇は小林秀雄が中心で、その小林と小林の弟分・河上徹太郎が文芸評論のリーダーでした。

ある時、この河上徹太郎に紹介してもらえる機会に恵まれ、銀座にあった文藝春秋に行ったんです。文学好きの私としては、そこで河上さんに入門させてもらおうと思いました。そしたら河上さんが私に「あなたはどういう作家を尊敬するか」と聞くわけですよ。いろいろ話していたら、「文学というのはそういうものじゃない。君みたいなのは〝好き〟というだけだ」って。

要するに「やめろ」と。「そういう文学趣味みたいな、半分文学青年気取りでいたらダメだ」と言われて、いっぺんに冷や水を浴びせられた気がしました。それまでも、たとえば井出孫六君は作品を盛んに書いているのに、自分はそうじゃない。私の文学の能力に疑問を抱いていたわけです。それで納得し、経済史の方に移った。

歴史というものも子供の頃から好きでした。たとえば川中島の合戦の話に興味を持って調べていくと、本によって書いてあることが違う。そういうのが面白くて、合戦の布陣や作戦図などは自分で図面を描いたりしていました。関ヶ原の合戦でも何時何分に始まって、その時はこうなって…と、講談みたいに語れるくらい凝りました。

そういえばこんなことがありました。学生時代、学生歌舞伎連盟の連中と信州に向かう列車に乗ったんですが、急行もない当時の道中は長い。そこで退屈しのぎに私が長篠の合戦の設楽ヶ原の図面を引いて、着くまでの二時間くらいをかけて延々と説明し出したら周囲から注目を浴びちゃった。

歌舞伎に熱中した学生時代
人気女形として活躍

●高津　今もお話に少し出ましたが、先生の学生時代を語るとき歌舞伎の話は欠かせません。

●由井　私は父の木材業が活況だったので、経済的に恵まれていました。だから音楽や映画、演劇、バレエ、オペラなどに親しむことができたんですね。その中で圧倒的に面白かったのが歌舞伎だったんです。

歌舞伎は東劇が空襲中で焼け残り、新橋演舞場もすぐにできた。なにより、尾上菊五郎や中村吉右衛門らの名優、その戦前に活躍したその周囲の役者も揃って、かなりレベルが高かった。

ところが東大に入ったら歌舞伎研究会がない。早稲田大には歌舞研があって、慶應大では長唄研究会が盛ん、学習院大学には国劇部がある。なのに東大にないのはけしからんと言って、一期上の先輩である平野健次さん（後に邦楽研究家になりました）と大学側にかけあったんです。そしたら大学が「大いにけっこう。日本文化のための活動をしてください」と、駒場に八畳、六畳、四畳半の部屋がある専用の建物を造ってくれた。

そこで始まったのが日本文化研究会で、月曜は能、火曜日は歌舞伎、水曜は琴、木曜は華道に茶道というように、日替わりで先生を招いての活動となりました。私が大学一年の時の話だね。私もそこで歌舞伎研究をして、十月の駒場祭で舞台に立ちました。

あの頃の我々は、ともかくそういう文化に飢えていたんですね。どの大学からも芸能に優れた人が出てきて、慶應のダークダックスなんかもその一例です。世の中も学生の文化に対してすごく寛容だった。古典芸能評論家として有名な小山觀翁さんはその頃学習院の学生でしたが、もうプロみたいに活躍していましたね。

それで私も十月に舞台に立ち、十二月には学生歌舞伎連盟というのを東大で作り、連盟の会長を吉田茂内閣で憲法担当国務大臣を務め、当時、開設したばかりの国立国会図書館初代館長・金森徳次郎さんにお願いした。

「会長には大学教授よりもっと偉い人がいい。新憲法を作った金森徳次郎さんならふさわしい」って、今思えば生意気だよねえ。でも金森さんはそんな学生に快く会ってくれて、「君たちは偉いもんだね。それはけっこうだ」と、即座に会長を引き受けてくれた。

そんなふうにどこでも我々をサポートしてくれたんです。三越劇場でも舞台の空いている一月と八月の数日を貸してくれて、学生歌舞伎連盟の公演をすることになったりね。ここにも私は出演しました。

●高津　当時、学生歌舞伎は大変な人気だったと伺っています。先生は何を演じられましたか。

●由井　当日は慌てて立見席を用意し、チケットをその場で印刷したほどの盛況でしたね。私は小柄なので女形を担当したんだけど、それ以来、女形専門になっちゃって。男性からファンレターをもらったりしてずいぶん困惑しました。

ともかく学生歌舞伎は評判上々、たいした人気でした。ここからプロの役者や評論家も輩出してね。すぐに離婚してしまったけど池内淳子さんのもとの旦那さんでジャズ歌手の柳沢真一さん、彼も学生歌舞伎の出身です。

そんなふうに歌舞伎ばっかりやってるものだから勉強はあまり手に付かなくて、私が師事していた日本経済史の土屋喬雄先生が三越劇場に観にきてくれた時は、「とても面白かったよ」と言ってくださったものの、「君、凝るのもいいけど凝りすぎだから。ほどほどにしときなさいよ」なんて言われてね。

ビジネスの現場を垣間見ながら
恩師・土屋先生の下で経営史を学ぶ

●高津　それほど歌舞伎に情熱を傾けておられた先生が経営史に回帰されたのはいつ頃ですか。

●由井　私が経済学部に入った頃の東京大学は、経済原論の山田盛太郎先生、経済統計論の有沢広巳先生、西洋経済史の大塚久雄先生、貿易論の脇村義太郎先生、商法の鈴木武雄先生、経営学の柳川昇先生と、立派な先生方が揃っていたんだけど、こと授業に関してはあまり魅力を感じなかった。

そんなこともあって文化活動に熱中していたんだけど、卒業を迎える時に土屋喬雄先生に進路を聞かれて「経団連のような企業の団体に行きたい」と答えたら、当時の経団連の総務部長だった花村仁八郎さんが土屋先生のゼミ出身者なので紹介状を書いてくれることになって。それで花村さんを訪ねたら、「僕のところに来るなら勉強をしなきゃ。修士課程を出てから来なさい」と言われてしまった。それで大学院に行くことになったんです。

私が大学院に入った年はＩＣＣ、国際商業会議所の世界大会が東京で開かれる年で、青年会議所にいたうちの兄は「そこに勉強に行ってみたらどうだ」と言う。土屋先生も「渋沢敬三さんが会長だから立派なものをやるだろう。君にもいい勉強になる」と。

それで国際商業会議所の事務局に入ったんだけど、この世界大会は大変なものでしたね。外国人のゲストを二百人ぐらい招き、総会とセレモニーは帝劇。レセプションも四カ所くらいでやって、それは華やかだった。私はレセプションの担当でスケジュールを作ったり招待状を出したりの雑用をこなしていたけど、どうにも適性がなくてね。ビジネスの現場を垣間見た中で、「やはり大学で勉強した方が面白いな」と思えて、それから勉強に熱が入った。

それで、『渋沢栄一伝記資料』をやりたいと思ったんですが、『渋沢栄一伝記資料』はもう数巻がだいたい終わっていた。『第一銀行史』もほぼ終わったということで、土屋先生に「通産省が『商工政策史』を立案しているから、そちらへ入ってくれ」と言われ、通産省官房調査課の商工政策史編纂室で『商工政策史』を担当することになりました。中小企業と公益事業の二つを手掛けましたね。

●高津　では先生は最初からストレートに学者の世界に入られたわけではなかったんですね。

経済史と経営史の違いとは
博士論文がそのまま本になる

●高津　初歩的な質問で恐縮ですが、基本的に経済史と経営史は何が違うのでしょう。経済がマクロであるのに対し、経営は人などが入ってくるということなのでしょうか。

●由井　おっしゃる通りだと思います。なんのかんのと言って、経済は人間とか組織よりもやはり銀行であり、所得であり、物価であり、財政であり、というふうになりますよね。経済史はすべて計量的でなきゃまずいという「数量経済史」が生まれ、戦後の経済史はそちらが中心になりました。

しかしそうなると人間や企業の組織体、組織を動かす人の考え方という視点が抜けてしまう。それはやはり違うのではないかという声もあがっていたんです。そこにハマったのが経営史ですね。私は最初、経営史をまとまった仕事として考えると「会社企業発達史」がいいんじゃないかと思い、会社企業の発展を研究しようとしたんです。大塚久雄先生が書かれた『株式会社発生史論』という、オランダとイギリスにスポットを当てたすばらしい本があるんだけど、私はそれの日本版を書きたかったんだよね。

●**高津**　大学院で中小企業政策史の編纂を手掛けられた由井先生は、お若い時に本を書き上げられましたよね。

●**由井**　『商工政策史』の中の第一二巻、中小企業編。六六〇頁ぐらいのかなり大きい本でした。東大で土屋先生を後継した山口和雄先生が『商工政策史』の貿易というのをやっていて、我々の活動を見て「これを中小企業政策として博士論文向けに書き直したらどうか」と勧めてくれたんです。いわば通産省での仕事の副産物が博士論文になったんですね。三十歳そこそこの時ですから、比較的早い方だったと思います。経済評論家の高橋亀吉さんと知り合ったので、これを高橋さんのところに持っていったら東洋経済新報社にすぐ話をつないでくれて、博士論文がすぐに本になった。高橋亀吉先生にはすごく感謝しています。この高橋亀吉さんは『大正昭和財界変動史』をはじめとする膨大な量の本を書かれた「生きる経済学」。土屋先生も「あれだけ現状分析している高橋君は偉い。たいした学者だ」と言い、高橋さんも土屋先生を尊敬していました。

渋沢敬三先生との出会いと思い出
偉大な財界人にして民俗学者の素顔は

●高津　ところで先ほどお話にちらっと出ましたが、土屋先生と渋沢敬三先生は高校時代から親交があったのですね。では由井先生と渋沢敬三先生の出会いも土屋先生のご縁ですか。

●由井　土屋先生と渋沢敬三さんは二高、東大と六年間同じクラス、同じゼミで、無二の親友だったというように聞いています。私にとって敬三先生は雲の上の方ですが、土屋先生の会を作った時には発起人代表になっていただいたり、スピーチをしていただいたりしました。

私が敬三先生とお近づきになったのは、先生が亡くなる少し前、大蔵大臣を退任されて十年ほど経ってからです。服装や話し方などがすべてざっくばらん、自然体の方で、会合なんかには気軽に足を運ばれていましたね。お顔は今の渋沢栄一記念財団の理事長である渋沢雅英さんに少し似ています。やはり親子ですね。そして敬三先生は非常に淡々としていた方でした。

今となっては生前の敬三先生に直接お目にかかったことがある人間というのは、そう多くはないでしょうね。

敬三先生というのは財界人であると同時に民俗学の大家。日銀や大蔵省に通っている時も、週末は民俗学のフィールドワークで岩手に行く予定を組んでいたそうです。それで新橋でドンチャン騒ぎをすることも忘れない。

だから雅英さんらお子さんから見れば、大蔵大臣の渋沢敬三と、民俗学の渋沢敬三と、新橋でドンチャンやっている渋沢敬三は結び付かなかったようですよ。土屋先生はそういういろいろな顔をもつ敬三先生と親しくされていたわけです。

これからの経営史を担う世代へ
大局を見る目を忘れることなかれ

●高津　最後に、これから由井先生の後を継いでいく若い人たちへのメッセージをお願いします。

●由井　やはりリベラル、インターディシプリナリー。いろいろな分野の学者たちが協力し合うのがいいんじゃないでしょうか。今の経営史は専門化、細分化していっているけど、大局を見なければいけない。人間はある意味で社会の産物だし、社会環境は大事です。実証のことばかり言っていると「実証のための実証」になってしまうから、広くモノを見ないとね。あと、思想や哲学というのも大事だと思います。

●高津　今日はごく私的なことも含め、とても楽しいお話を伺うことができました。長時間どうもありがとうございました。

（二〇一二年七月収録）

【聴き手一覧】

〈五十音順／現在〉

阿部武司　大阪大学名誉教授・企業史料協議会副会長

池本幸雄　企業史料協議会副会長

上田和夫　企業史料協議会事務局長・理事

加藤玲子　花王株式会社花王ミュージアム・企業史料協議会前理事

橘川武郎　国際大学学長

佐々木聡　明治大学経営学部教授

島田昌和　文京学園大学経営学部教授・文京学園理事長

高津　隆　企業史料協議会理事・帝国データバンク史料館前館長

高橋清美　浦和大学社会学部教授

松本和明　京都産業大学経営学部教授

宮本又郎　大阪大学名誉教授

あとがき

本書の各章の原典は以下の通りである。

一　「由井常彦先生インタビュー」経営史学会編『経営史学の歩みを聴く』文眞堂、二〇一四年

二　「企業家研究と伝記執筆―由井常彦先生に聞く」『企業家研究』第三号、企業家研究フォーラム、二〇〇六年

三　「中曽根内閣の経済政策立案への助言―経営史研究の実践への適用の可能性」文京学院大学『経営論集』第二九巻第一号、二〇一九年

四　「由井常彦先生インタビュー(一)」『企業と史料』第一七集、企業史料協議会、二〇二二年

五　「由井常彦先生インタビュー(二)」同

六　「東京大学と各界の人びと」未公表、二〇二一年

七　「企業史料の豊かさと日本の経営―渋沢栄一・敬三の足跡を回顧して」(講演記録)『企業と史料』第一五集、企業史料協議会、二〇二〇年

八　「経営史研究の開拓者、その素顔に迫る」『帝国データバンク史料館だより　別冊Muse2012』帝国データバンク史料館、二〇一二年

以上のうち第二章と第三章の原典には詳細な注が付けられているが、ほかの章の原典にはそれがなく、また参照文献などに関する情報も、注記がある二つの章に比べて不十分と思われたので、編者が注を適宜加えた。

参照文献に関する情報の書式は編者が補足した。また、原文に含まれる明らかな誤りも編者が適宜修正した。

なお本書の各章には重複が相当数見出されるが、それぞれの話の流れの中で必要なことがらであり、また、それらが新たな事実の言及へと展開していくことも多いため、あえて調整はしていない。

編　者

由井常彦（ゆい　つねひこ）

1931年長野県生まれ。東京大学経済学部卒業、同大学院修了。経済学博士。明治大学経営学部教授を経て、明治大学名誉教授、日本経営史研究所名誉会長、三井文庫常務理事・文庫長ほか。〈主な著書〉『中小企業政策の史的研究』『日本の経営発展』『歴史の立会人昭和史の中の渋沢敬三』『安田善次郎』『豊田喜一郎伝』ほか多数。

経営史研究の志とご縁と実践

由井常彦回顧録

二〇二四年四月二十三日　第一刷発行

編　者　佐々木聡・阿部武司

発行者　坂本喜杏

発行所　株式会社冨山房インターナショナル
東京都千代田区神田神保町一-三　〒一〇一-〇〇五一
電話〇三(三二九一)二五七八
URL:www.fuzambo-intl.com

印　刷　株式会社冨山房インターナショナル

製　本　加藤製本株式会社

ISBN978-4-86600-121-0 C0034